Beeld van Tarot

Jan Ton

volledig herziene versie

2001

Koppenhol Uitgeverij B.V.

Inhoudsopgave

	blz.
Inhoudsopgave	4
Voorwoord	7
1. De tarot is een symboolsysteem	8
1.1 Wat is een symbool?	8
1.2 Correspondenties	9
1.3 Symboolsystemen	10
2. Geschiedenis	12
2.1 De feiten	12
2.2 Bronnen en verwantschappen	13
3..Bouwstenen van de tarot	16
3.1 Getallen en geometrische figuren	16
3.2 De vier elementen	21
4. De Grote Arcana	
0. De Zot	26
I. De Magiër	28
II. De Hogepriesteres	30
III. De Keizerin	32
IV. De Keizer	34
V. De Hogepriester	36
VI. De Geliefden	39
VII. De Zegewagen	41
VIII. De Gerechtigheid	43
IX. De Kluizenaar	45
X. Het Rad van Fortuin	47
XI. De Kracht	50
XII. De Gehangene	52
XIII. De Dood	54
XIV. De Gematigdheid	56
XV. De Duivel	58
XVI. De Toren	61
XVII. De Ster	63
XVIII. De Maan	65

XIX. De Zon	68
XX. De Opstanding	70
XXI. De Wereld	73
5. De Kleine Arcana	75
5.1 De Staven	75
5.2 De Zwaarden	86
5.3 De Bokalen	104
5.4 De Pentagrammen	120
6. Tarot, spiegel van de ziel	134
6.1 De tarot als orakel	134
6.2 Legmethoden	141

Voorwoord

In 1981 schreef ik in het voorwoord van de eerste versie van 'Beeld van Tarot':
'Werken met tarot vraagt in de eerste plaats om creativiteit en onbevooroordeelde aandacht, en wat ik schrijf is bedoeld om dat aan te wakkeren, niet om het te smoren in standaardrecepten. Nu dit boek op papier staat, merk ik dat ik me zo snel mogelijk ook weer los moet maken van wat ik geschreven heb, om fris en open te blijven voor nieuwe ervaringen. Het is een tijdopname......'
Nu, 20 jaar later, geldt nog steeds hetzelfde en ook deze hernieuwde versie van 'Beeld van Tarot' is vanuit die intentie geschreven.
In mijn cursussen en consulten heb ik me er altijd op toegelegd om ieders persoonlijke beleving bij de kaarten serieus te nemen en zelfs aan te wakkeren. Dat leverde natuurlijk een enorme variatie op aan interpretaties, gevoelens en beelden bij elke kaart.
Ik heb bijzonder veel geleerd van mijn cliënten en cursisten. Zij hebben mijn begrip van de tarot constant in beweging gehouden door hun waarnemingen en belevingen bij de kaarten. Ik ben eenieder dankbaar voor de bereidwilligheid en het vertrouwen om dat allemaal met mij te delen.
Je zou misschien verwachten dat door de grote verscheidenheid aan interpretaties, de tarot zelf zou vervagen tot een nietszeggende verzameling van suggestieve plaatjes, maar het tegendeel is waar.
In de afgelopen 20 jaar heb ik me verder verdiept in astrologie, I Tjing, mythen en sprookjes, esoterische filosofieën, dromenwerk, jungiaanse psychologie en wat al niet meer, maar de tarot is altijd mijn centrale oriëntatiepunt gebleven. De boom waaraan ik alles op kon hangen zonder dat deze ooit overladen werd.
De laatste jaren, tijdens en na het schrijven van 'De Levende Tarot', is mijn interesse in de geschiedenis van de tarot en de esoterische stromingen die eraan verwant zijn, sterk aangewakkerd. Daardoor is de basisstructuur van de tarot voor mij helderder geworden.
De moeilijkheid bij het schrijven van dit boek was, om woorden te vinden voor (wat ik begrijp van) de kern van de tarot en tegelijk de grootst mogelijke ruimte te laten voor de persoonlijke belevingen van de lezer. De hoeveelheid materiaal, die ik beschikbaar had bij elke kaart, moest samengevat en ingedikt worden tot een leesbaar, levend, suggestief geheel dat richting geeft en toch openingen laat. Dat het resultaat ook nu weer gekleurd zal zijn door mijn persoonlijke 'kenmerken' van dit moment, is onvermijdelijk.
Tenslotte wil ik mijn levenspartner Gerry en mijn lieve vrienden Françoise Vermeulen en Waling Hieminga innig danken voor hun inzet bij de totstandkoming van dit boek. Hun onvoorwaardelijke steun en kritische opmerkingen bij de tekst waren voor mij bijzonder waardevol.

Jan Ton, zomer 2001

1. De tarot is een symboolsysteem

1.1 Wat is een symbool?

Een symbool slaat een brug van het zichtbare naar het onzichtbare. Iets wordt een symbool als we aan dat 'iets' een speciale betekenis hechten of als we het gebruiken als een verwijzing naar iets anders. Symbolen zijn machtige dingen. Vaak roepen ze krachtige emoties op. Ze kunnen zelfs de kern uitmaken van een compleet wereldbeeld, zoals het kruis voor het christendom, de hamer en de sikkel voor het communisme of Vrouwe Justitia voor de rechtspraak.
Je hebt ook je persoonlijke symbolen die alleen voor jou zelf een speciale betekenis hebben. Zoals een souvenir van een bijzondere vakantie of iets wat je herinnert aan dierbare personen of grote gebeurtenissen in je leven. Ook veel symbolen uit je dromen zijn puur persoonlijk. Als je gedurende langere tijd je droomleven volgt, zul je ontdekken, dat je zelfs een heel eigen soort van 'droomtaal' hebt. Daarom hebben 'droomwoordenboeken' een beperkte waarde: ze geven slechts de 'algemene' associaties bij een symbool. Zo staat de auto voor de meeste mensen voor 'vrijheid', maar als je een ernstig auto-ongeluk hebt gehad, zal het voor jou waarschijnlijk iets heel anders betekenen.
Ook collectieve symbolen hoeven niet altijd dezelfde betekenis te hebben. In Europa herinnert het hakenkruis ons pijnlijk aan het nazisme en roept alleen al daarom een instinctieve weerstand op. Maar in de Middeleeuwen stond hetzelfde symbool voor de kracht van de zon en zal toen dus totaal andere reacties opgeroepen hebben. En in het boeddhisme betekent het hakenkruis wéér iets anders.

De betekenis van een symbool is dus persoonlijk en cultureel bepaald en verandert in de tijd.
Het is daarom haast onmogelijk om een symbool precies te definiëren. En omdat de tarot uitsluitend bestaat uit symbolen, zullen we voorzichtig moeten zijn met het toekennen van vaste betekenissen aan de kaarten. De praktijk dwingt ons daartoe. Ten eerste zijn er vele versies van de tarot en ten tweede bestaan er van elke versie weer meerdere interpretaties: lees de boeken er maar op na. Ten derde is het zo dat jouw gevoel, beleving of interpretatie van een tarotkaart sterk gebonden is aan wie jij bent op dat moment. Als je jarenlang met de tarot werkt, zul je zien dat jouw begrip van een kaart in de loop van de tijd verandert in overeenstemming met jouw persoonlijke groei en ontwikkeling.
Neem dus de vrijheid om jouw persoonlijke gevoelens en gedachten bij een kaart te hebben! Vraag je niet af of jouw interpretatie 'juist' is, want die is altijd goed! Wat je ziet, dat ben je zelf. Daarmee is niet gezegd dat jouw belevingen bij een symbool of een kaart alleen maar toevallig of puur subjectief zijn. Het geheim van de symboliek in het algemeen en de tarot in het bijzonder, is dat het meest persoonlijke in het perspectief geplaatst wordt van een algemeen menselijke, kosmische samenhang.
De meest universele en diepgaande symbolen zijn meestal ook de eenvoudigste: kleuren, getal-

len, hemellichamen, dieren, geometrische figuren, en dergelijke. Het zijn heel elementaire gegevens uit onze directe ervaringswereld. Hoe eenvoudiger het symbool, hoe ruimer de interpretatiemogelijkheden. Dat kan verwarrend lijken, maar het is nu eenmaal zo. Eén beeld zegt méér dan duizend woorden.' Om die elementaire symbolen te duiden in hun kern, moeten we ons niet verliezen in een brij van woorden, maar ons bezinnen op het meest wezenlijke ervan. Dan zul je ontdekken dat dat wat buiten je is, ook ín je is. Als je nagaat wat de eigenschappen zijn van 'vuur' (het geeft warmte en licht, het werkt aanstekelijk, het verteert datgene waar het op brandt), kun je diezelfde eigenschappen terugvinden in jezelf.
De diepste laag van symboliek is universeel-menselijk en dus altijd dezelfde, ook al is ons begrip ervan beperkt. Jung noemde dat de 'archetypen'. Hij ontdekte ze doordat hij merkte dat bepaalde thema's door alle tijden heen en bij iedereen herkenbaar zijn. We hebben bijvoorbeeld allemaal behoefte aan een ideale moeder, die ons verzorgt. Of we die 'moeder' nu werkelijk hebben of niet, of we contact hebben met die behoefte of niet: dat maakt niet uit. Volgens Jung is de kern van het 'archetype' niet een 'ding', maar een levende energie.
Zo is het ook met symbolen: het gaat niet om het ding zelf, maar om de levende inhoud waar het symbool naar verwijst. Als je alleen maar vrijblijvend denkt over een symbool, blijft het een steriele bezigheid. Maar als je contact maakt met de 'energie' ervan, wordt het een beleving die heel intens kan zijn.

1.2. Correspondenties

Symbolen verwijzen naar iets anders en vaak naar elkaar. Het mechanisme ervan is 'de wet van analogie': wat met elkaar verwant is, trilt met elkaar mee. De logica daarvan is niet altijd even duidelijk. Dat de kleur groen 'staat voor' leven is nog wel te begrijpen, maar waarom groen tevens de kleur van het hart is, is niet logisch te verklaren. In de wereld van de correspondenties verlaten we het terrein van de strikte logica en moeten we het hebben van associaties, intuïtie en gevoelens. Die kunnen wèl leiden tot een besef van een hoger of subtieler soort van logica. Via symbolen kun je verbanden gaan zien die je eerst niet zag zonder dat je precies kunt zeggen hoe je op het idee gekomen bent.
Sommige correspondenties lijken volstrekt onlogisch. Hoe kan de stand van de planeten op het moment van je geboorte 'resoneren' met je karakter, je levenslot, je relaties en zo meer? We weten niet precies hoe dat komt, maar de ervaring leert dat het zo is. Als je maar op de juiste wijze kijkt. Het is niet eenvoudig om vast te stellen wat de 'juiste wijze' is. Om even bij de astrologie te blijven: er zijn vele takken van astrologie, die onderling totaal verschillend zijn en die allemaal zowel hun verbluffende resultaten hebben als hun miskleunen. De 'symbologen' zijn niet meer of minder feilbaar dan ieder ander mens en het is dus niet verstandig om hun 'openbaringen' klakkeloos na te volgen. Als het waar is wat ze zeggen, zal er een vorm van herkenning moeten zijn. Iets in jou trilt mee, je kunt het voelen. En als dat niet gebeurt en 'je hebt er niets mee', kun je het rustig zo laten. Vertrouw maar dat datgene wat belangrijk is, vroeg of laat wel bij je terugkomt.

De wereld van de symbolische correspondenties kan heel verwarrend zijn, want alles hangt met alles samen. Vóór je het weet zit je in een brij van symbolen en associaties, waarin je tussen de bomen het bos niet meer ziet. We moeten denk ik ook oppassen met verklaringen in termen van oorzaak en gevolg. De planeten in mijn geboortehoroscoop zijn er niet de oorzaak van dat ik ben die ik ben en meemaak wat ik meemaak. Ik kan hoogstens constateren dat er 'resonantie' is.

Symboliek laat zien dat alles met alles samenhangt. In haar diepste betekenis en potentie legt de symboliek met haar correspondenties de geheimen van het leven bloot. Alles kan tot een symbool worden als je het tot in de diepte doorgrondt. Toeval bestaat niet. Daarom kan het blind trekken van kaarten een zinvolle gebeurtenis zijn. Voorwaarde is dan wèl dat je dat doet met de grootst mogelijke aandacht voor zowel de kaarten als voor wat er in jezelf gebeurt. Dan kan het een levend(ig) ervaren worden van diepere lagen van leven, bewustzijn en verbondenheid. In dat proces ben jij met jouw eigenheid en jouw aandacht een onmisbare deelnemer in het spel.

Omdat symbolen naar iets anders verwijzen, kun je net zo goed zeggen dat ze verhullen als dat ze onthullen. Ze kunnen dienst doen als poorten naar een andere werkelijkheid, maar ze kunnen nooit méér worden dan de poort zelf. Ze brengen je ergens heen, maar als je daar aangekomen bent, is het symbool niet belangrijk meer. Maak van je symbolen (tarotkaarten) geen statische standbeelden. Het zijn middelen, machtige middelen zelfs, maar niet méér dan dat.

1.3. Symboolsystemen

De correspondenties tussen symbolen kunnen leiden tot complete systemen, die de pretentie hebben dat ze alles omvatten tussen hemel en aarde. De tarot ís zo'n symboolsysteem, waarin een poging wordt gedaan om de totale menselijke ervaringswereld binnen de kosmische verhoudingen in beeld te brengen. Het is zowel een 'openbaring van kosmische orde' als een beschrijving van de ontwikkeling van de mens(heid).
Hoewel de tarot op zichzelf een compleet en omvattend systeem is, staat zij niet op zichzelf. De elementen van de tarot zijn gemakkelijk terug te vinden in bijvoorbeeld de numerologie, de astrologie, de kabbala, de alchemie en in bredere zin in mythologie, religie, kunst en wetenschap. In die zin is de tarot een typisch produkt en zelfs een synthese van westerse mystieke en esoterische stromingen. En ook die hebben weer hun gemeenschappelijke bronnen (zie H.2.).

Symboolsystemen kunnen heel verleidelijk zijn omdat ze de suggestie wekken, dat alles 'verklaarbaar' is. Alsof het een soort code is, die te kraken valt. Dan zou de toekomst voorspelbaar worden en alle gebeurtenissen in je leven de uitvloeisels van vaste wetten. Het wonderlijke is dat zulke systemen allemaal zowel succes boeken als hun beperkingen blijken te hebben. En in feite geldt hetzelfde voor de theorieën van de wetenschap. De werkelijkheid is altijd nog complexer

en verrassender dan alles wat we er over kunnen bedenken en alles wat we ervan kunnen verklaren.
Een andere verleiding van symboolsystemen is, dat je te snel je etiketten plakt op bepaalde verbanden of associaties. Je krijgt dan uitspraken als 'de Magiër is Mercurius'. Het is zeer begrijpelijk dat de Magiër geassocieerd wordt met Mercurius, maar daarmee zijn ze nog niet identiek! Je kunt hoogstens zeggen dat ze een zekere verwantschap hebben. De samenhangen binnen een symboolsysteem zijn lang niet zo éénduidig en logisch als we (misschien) wel zouden willen. Ze kunnen je op een vruchtbaar spoor zetten, maar je ook en net zo gemakkelijk het bos in sturen. Op zijn best is een symboolsysteem een universele taal van het leven en als dat zo is, dan moet dat herkenbaar zijn in je eigen ervaring. Dan valt het op zijn plaats en is er 'her-kenning' (letterlijk: 'opnieuw kennen', een besef van wat je 'ergens' al wist). Vaak ervaren we zo'n her-kenning als iets wat vol zin en betekenis is, bijvoorbeeld als je een kaart trekt die precies weergeeft hoe je je voelt of die precies laat zien waar je mee bezig bent. Soms gaat daar een hele worsteling aan vooraf. Ik kan tegen iemand die 'de Toren' (kaart XVI) trekt, zeggen dat het om een bevrijdend gebeuren gaat, maar dat hoeft de persoon in kwestie zelf helemaal niet zo te beleven! Misschien heb ik desondanks gelijk, maar wie heeft daar wat aan? Het vinden van zin en betekenis kan niet plaatsvinden zonder jouw bewuste inzet en aandacht. Dat is een proces op zichzelf.

Symboolsystemen werken dus niet omdat ze logisch sluitend zijn of alles verklarend. Ze werken omdat ze universele, levende samenhangen weerspiegelen in een associatief verband. Het begrijpen van de samenhangen in een symboolsysteem is niet (alleen) een mentale kwestie. Het is een gebeuren waarbij je hele zijn, op alle niveaus tegelijk, betrokken is.
Dane Rudhyar, mijn favoriete astroloog, zei: 'Je kunt geen leven en bestemming op een hoger niveau interpreteren dan waarop je zelf functioneert.' De diepgang en de zinnigheid waarmee je met een symboolsysteem kunt werken heeft dus te maken met zoiets als levenservaring, rijpheid, wijsheid en inzicht. Wie in het oude Griekenland het orakel van Delphi betrad, kwam door een poort waar op stond: 'Ken uzelve'. Dat is het begin en het einde van elk orakelgebruik.

2. Geschiedenis

2.1. De feiten

Er is al heel wat gespeculeerd over de oorsprong van de tarot. De tarot zou afkomstig zijn van Atlantis, of ontstaan zijn in het oude Egypte, de zigeuners zouden de tarot meegenomen hebben uit Azië, de tarot zou 'doorgegeven' zijn door hogere intelligenties.
Voor dat alles is nog geen bewijs gevonden en ik denk dat dat ook niet zal gebeuren. De feiten zijn op zichzelf al interessant genoeg. De eerste versies van de tarot, of wat daar sterk op leek, verschenen in het Italië van de Renaissance aan het einde van de 14e en het begin van de 15e eeuw. Het waren nog geen complete versies in de zin zoals we de tarot nu kennen met 78 kaarten en een min of meer vaststaande nummering en verdeling in groepen. Maar de belangrijkste elementen zijn al duidelijk herkenbaar in de naamgeving van de kaarten. Zo vinden we de volgende groepen:

1. kosmische elementen: de Zon, de Maan, de Ster, het Rad van Fortuin, de Wereld.
2. hoogwaardigheidsbekleders: de Keizer, de Keizerin, de Hogepriester (of Paus), de Hogepriesteres (of Pausin).
3. de hoofddeugden: de Rechtvaardigheid, de Matigheid, de Kracht.
4. christelijke elementen: de Paus, de Duivel, het Oordeel.
5. de hofhouding (Koning, Koningin, Ridder, Schildknaap) en de vier elementen.

Het was ook in de 15e eeuw dat de boekdrukkunst werd uitgevonden en in een tijd dat maar weinig mensen konden lezen en schrijven, is het niet verwonderlijk dat in het begin de 'plaatjes' erg populair waren. De tarot verspreidde zich razendsnel over Europa. In de 16e eeuw werden er in Frankrijk 1.000.000 spellen verkocht! De autoriteiten waren er niet blij mee. De bisschop van Siena hield vurige preken tegen het 'duivelse' spel. In Engeland werd de import van het spel verboden. Best begrijpelijk trouwens met een 'Duivel' in het spel en een 'Pausin' (in een tijd dat het geestelijke ambt uitsluitend voorbehouden was aan mannen).
In die eerste tijd werd de tarot hoogstwaarschijnlijk nog niet gebruikt als orakel, maar als gezelschapsspel en/of gokspel. Zo is ook ons 'gewone' kaartspel ontstaan als een vereenvoudiging van de oorspronkelijke tarotspellen. In de 18e eeuw komt de Tarot de Marseille bovendrijven als het meest gezaghebbende spel en dan is de structuur van de tarot uitgekristalliseerd tot de vorm zoals we die nu kennen.
In de 19e eeuw was er een grote opleving van de tarot in Frankrijk. Er was toen een grote belangstelling voor het oude Egypte en in die sfeer werd de theorie dat de tarot daar haar oorsprong had, vrij algemeen geaccepteerd. Invloedrijke occultisten als Eliphas Levi brachten de inderdaad vaak treffende overeenkomsten tussen de tarot en de kabbala aan het licht. De charlatan-achtige figuur Eteilla maakte van de tarot een waarzegsysteem en had daar veel succes mee. De tarot

kwam steeds meer terecht in de sfeer van occultisme en magie.

Aan het einde van de 19e en het begin van de 20e eeuw was er in Londen de orde van de 'Golden Dawn', die voortkwam uit een genootschap van rozenkruisers. Men bestudeerde de kabbala, de numerologie, de astrologie, de alchemie en andere occulte en esoterische wetenschappen en de tarot maakten zij tot het centrale systeem, waarin zij 'alles' trachten te integreren. Ze ontwikkelden tarotspellen die werden verrijkt met inzichten en symbolen, ontleend aan hun geliefde interesses. Daarmee was de toon gezet voor de 20e eeuw en tot op heden hebben we aan de orde van de Golden Dawn de meest invloedrijke versies van de tarot te danken.

Het Rider Waite spel kwam uit in 1910, werd ontworpen door Arthur Waite en getekend door Pamela Coleman Smith. Waite was een groot kenner van de esoterische tradities van Europa. Hij schreef invloedrijke boeken over alchemie en de tradities van de rozenkruisers. Hij ontkrachtte de Franse speculaties over de Egyptische oorsprong van de tarot, stelde zich te weer tegen het heersende gebruik van de tarot als waarzegsysteem en plaatste de tarot middels zijn ontwerp middenin de esoterische traditie van West-Europa.

Aleister Crowley was één van de adepten van de orde van de Golden Dawn, maar het duurde tot 1938 vóór hij zijn eigen spel ontwierp (met de kunstenares Frieda Harris) en het kwam pas op de markt in 1969. Hij was een omstreden figuur, een ware tegenpool van de wat sceptische geleerde Arthur Waite. Crowley beweerde dat hij in contact stond met geestelijke intelligenties van het oude Egypte en presenteerde zich als een charismatische magiër. Zijn versie werd vooral populair door de moderne artistieke kwaliteit ervan.

In de loop van de 20e eeuw verspreidde de tarot zich over de hele wereld en werd ongekend populair. De nieuwe versies die ontstonden, waren meestal variaties op de gezaghebbende Tarot de Marseille en/of het Rider-spel van Arthur Waite en voegden niet veel wezenlijks toe. De wat minder bekende tarot van Haindl staat geheel in de traditie van de kabbala. De recente 'Voyager-tarot' van James Wanless is een poging om de tarot in een 21e-eeuws jasje te hullen met behoud van de traditie. De laatste tijd verschijnen er steeds meer tarot-versies, die de verwantschap met bijvoorbeeld edelstenen, dieren, engelen, figuren uit de verhalen rond koning Arthur en de graal en wat al niet meer (want er bestaan inmiddels vele honderden versies van de tarot) centraal stellen. Best leuk allemaal, maar mijns inziens gaat daarbij veel van wat de tarot te bieden heeft, verloren in ijdel gespeculeer.

2.2. Bronnen en verwantschappen

De eerste tarotspellen verschenen dus in het Italië van de 15e eeuw. Plaats en tijd vallen samen met de bloei van de Renaissance, wat 'wedergeboorte' betekent: de herontdekking van de klassieke oudheid in wetenschap, kunst en cultuur. Italiaanse stadstaten als Venetië, Florence en Milaan waren zeer welvarend en onderhielden via een bloeiende handel contacten met een groot gebied, ook buiten de invloedssfeer van de kerk van Rome. Zo was er een intensief contact met Byzantium, waar veel werken van de oude Griekse wijsgeren bewaard waren gebleven en met de

Arabische wereld, waar de wetenschappen (zoals geneeskunde, astronomie, (al)chemie) op een hoog peil stonden. De belangstelling voor de klassieke wijsheid was enorm en daarmee slopen ook invloeden binnen van vóór het christendom.

In Florence werden onder leiding van Mauricio Ficino vele nog onbekende werken van Plato vertaald en bestudeerd. Ficino vertaalde ook het 'Corpus Hermeticum', toegeschreven aan de legendarische Hermes Trismegistos. Destijds dacht men nog dat dit een zeer oud werk was en dat het misschien wel de grondslag was waarop jodendom, christendom en islam zich konden ontwikkelen als loten van één stam. Later is trouwens gebleken, dat het geschreven moet zijn in Alexandrië in de eerste eeuwen na Christus. Alexandrië was destijds het intellectuele en spirituele centrum van de wereld met haar enorme bibliotheek. Het was de ontmoetingsplaats waar de oude cultuur van Egypte en Griekenland samenkwam met de daar levende joden, gnostische christenen en Grieken. Hier vinden we de bakermat van de gnostiek, de hermetische filosofie, de astrologie zoals die in West-Europa werd begrepen en waarschijnlijk ook van de alchemie en de kabbala.

Het Corpus Hermeticum werd in korte tijd bijzonder populair. In mijn boek 'De Levende Tarot' heb ik de treffende overeenkomsten beschreven tussen teksten uit dit boek en de basisgedachten waarop de tarot is geconstrueerd. Ook de kabbala was in die tijd bijzonder populair. De Zohar, een kabbalistisch geschrift uit het Spanje van de 13e eeuw, vond haar weg door heel Europa. Pico de Mirandola ontwierp een op de kabbala gebaseerde synthese van christendom, jodendom en islam en presenteerde die in Rome aan de Paus. Hoewel zijn ideeën als ketters werden beschouwd, is het toch duidelijk dat hij serieus werd genomen!

In deze sfeer moeten we ons het ontstaan van de tarot dus voorstellen: uitgedacht door de nieuwe wetenschappers, die aan het hof van de rijke stadstaten alle ruimte kregen om hun studies uit te voeren. En met de hulp van de eveneens overvloedig aanwezige beeldende kunstenaars zagen de eerste versies het licht. Ze verschenen (zoals eerder gezegd was er nog geen uniformiteit) in onder andere Florence, Milaan, Ferrara en Bologna.

Vanuit deze achtergrond is het begrijpelijk, dat kabbala, astrologie, numerologie en alchemie qua symboliek en wereldbeeld nauw met de tarot verwant zijn. Al deze 'wetenschappen' samen worden ook wel de 'hermetische wetenschap' of het 'neo-platonisme' genoemd. Het bekendste motto van het hermetisme is 'zo boven, zo beneden'. De gedachte daarbij is dat er een mystieke samenhang bestaat tussen alle niveaus van het bestaan. Het goddelijke principe drukt zich uit in de schepping volgens vaste wetten, die gelden van de vorming van de hemellichamen tot de individuele mens. De mens wordt gezien als 'microkosmos', die de 'macrokosmos' weerspiegelt. In die visie heeft de mens zowel deel aan de materiële wereld via het lichaam als aan een hoger niveau van bestaan middels de geest, die beschouwd wordt als een soort goddelijke vonk. Zoals Ficino zei, hebben we de vrije keus om te beslissen aan welke wereld we deel willen hebben. Wie zich identificeert met het lichaam, zal erdoor gebonden zijn en onderhevig zijn aan de wetten van

de materie. Wie zich identificeert met zijn 'goddelijke vonk' zal opnieuw geboren worden in de geest en 'niet sterven'.
De leer legt de nadruk op de individuele vrije keuze en verantwoordelijkheid. De waarheid is in jezelf te vinden; zelfkennis is voorwaarde voor en eindpunt van alle andere kennis. Men bestudeert de innerlijke samenhangen tussen de werelden en de weg tot geestelijke bevrijding, die de mens daarin te gaan heeft. Deze samenhangen tussen de verschillende niveaus van bestaan en bewustzijn worden beschreven door middel van correspondenties en analogieën, waarbij men zich bedient van elementaire symboliek: de getallen, de vier elementen, astrologische gegevens en dergelijke. Ziehier de bronnen van de symboolsystemen, zoals hierboven besproken.

Elke tak van de hermetische leer beschrijft op haar manier, steeds verschillend maar met overeenkomstige thema's, de ontwikkelingsweg van de mens.
Het verhaal begint bij het eerste beginsel: God, die emaneert ('uitvloeit') in de schepping. Via een groot aantal stadia vindt er een verstoffelijking plaats. Analoog daarmee is de mens in geestelijke zin een kind van God en daalt bij de geboorte en tijdens het leven af in een lichaam. Het gaat er nu om, dat de mens zich tijdens het leven zijn goddelijke oorsprong herinnert en zich losmaakt van de identificatie met het lichaam en de materie. Dan volgt er een opstijging waardoor de mens zich weer verenigt met zijn geestelijke oorsprong. Het doel van de inwijding is, om dit proces reeds tijdens het leven geheel bewust te doorlopen. Ingewijden worden dan ook wel de 'tweemaal geborenen' genoemd.
Toch is het niet een leer, die alleen maar onthechting predikt van een zondige wereld, integendeel. Aangezien God geïncarneerd is in zijn schepping, is alles in wezen bezield met een goddelijke essentie. De alchemist, die goud uit lood maakt, bevrijdt (zowel in de materie als in zichzelf) de goddelijke essentie uit materie (het lichaam, de persoonlijkheid) waarin die gevangen zat. Zo transformeert hij ook de materie zelf en 'neemt haar mee' bij zijn opstijging. We moeten dus niet streven naar een totale onthechting van de materie, maar die juist bezielen met bewustzijn, liefde en aandacht.

Bij de bespreking van de kaarten zal duidelijk worden dat de tarot geheel in de beschreven hermetische traditie thuishoort en er zelfs een centrale rol in kan vervullen. Het is zowel een 'landkaart', die bestaanswerelden en bewustzijnsniveaus beschrijft als een inwijdingsverhaal, dat de (geestelijke) ontwikkeling van de mens beschrijft en begeleidt.
Behalve als orakel is de tarot dus ook zeker interessant als bron van wijsheid en de moeite waard om op zichzelf bestudeerd te worden. De tarot kan dienen als een inwijdingsweg voor de doe-het-zelver. En zo is het waarschijnlijk ook bedoeld.

3. Bouwstenen van de tarot

3.1. Getallen en geometrische figuren.

De symboliek van de getallen is zó universeel en vanzelfsprekend, dat we er gemakkelijk overheen kijken. Tegenwoordig zijn we niet meer zo gewend om getallen te zien als symbolen: het zijn abstracte, schijnbaar 'lege' grootheden geworden. Toch zit de taal vol met symbolische verwijzingen naar de eigenschappen van de getallen: 'alle goede dingen gebeuren in drieën', 'het vijfde wiel aan de wagen', 'drie maal drie is negen, ieder zingt zijn eigen lied', enzovoorts.
Maar Pythagoras, één van de grondleggers van de geometrie, geloofde dat de wetten van het getal ten grondslag lagen aan de hele schepping en sprak over 'de harmonie der sferen'. Ook in de Renaissanceperiode zag men de getallen nog altijd op die manier. Johannes Kepler, die de planeetbewegingen in het zonnestelsel nauwkeurig wist te berekenen, schreef in 1607:

'In de gehele schepping is een heerlijke, prachtige harmonie te vinden en dat zowel in het zintuiglijke als in het bovenzinnelijke, in ideeën zowel als in dingen, in het rijk van de natuur en in dat van de genade. Deze harmonie komt zowel in de dingen zelf als ook in hun verhoudingen tot elkaar tot stand. De hoogste harmonie is God, en hij heeft in alle zielen een innerlijke harmonie als zijn beeltenis ingeprent.'

In de woorden van Kepler herkennen we weer de uitgangspunten van de hermetische leer. Het zal dan ook niemand verbazen als de getallensymboliek een centrale rol speelt in alle hermetische symboolsystemen. Zo ook in de tarot. Bijna alle kaarten, op de hofhouding na, hebben een nummer en daarmee ook een plaats in een reeks van kaarten, waardoor er verschillende 'verhalen' verteld worden. Zo beschrijven de vier reeksen van de Aas tot en met de Tien van de Kleine Arcana ontwikkelingslijnen binnen het betreffende element. De 22 kaarten van de Grote Arcana beschrijven in hun volgorde de archetypische ontwikkelingsweg van de mens.
Het getal is het belangrijkste organiserende principe binnen de tarot en het is voor een goed begrip van de kaarten dan ook essentieel om inzicht te hebben in de symboliek van de getallen. Maar juist omdat het getal zo universeel is in haar eigenschappen en toepassingen, is het niet eenvoudig om aan elk getal een éénduidige betekenis te hechten. Als je de verschillende symboolsystemen met elkaar vergelijkt, zul je dan ook, naast onmiskenbare overeenkomsten, ook verschillen aantreffen. Dat betekent nog niet dat de getallensymboliek vaag is: het betekent wèl dat we kennelijk niet goed in staat zijn om de symboliek van de getallen in woorden te vangen.

Het grondgetal
Bijna alle systemen beschouwen de getallen één tot en met negen als de 'grondgetallen', waarvan alle andere getallen afgeleid kunnen worden. Getallen, hoger dan negen worden tot hun grondgetal herleid door de cijfers, waaruit het getal bestaat, bij elkaar op te tellen.

Zo is het grondgetal van 'de Ster', kaart XVII: 17 = 1 + 7 = 8.
Ook grotere getallen kunnen zo herleid worden tot hun grondgetal: 3486 = 3 + 4 + 8 + 6 = 21 = 2 + 1 = 3.

0.

In de tarot wordt aan de Zot meestal het getal 'nul' toebedeeld, maar oorspronkelijk was dat niet zo, want in de tijd van de Renaissance kende men het getal nul nog niet. Je kunt zeggen dat het 'niets' is, een lege categorie. Maar symbolisch is de leegte heel interessant. Is het niet uit de (schijnbare) leegte dat alles voortkomt? Het is het onnoembare begin begin: de 'God', die niet gedefinieerd kan worden. Namen en definities zijn geen begin-, maar een eindpunt.
De nul is ook een cirkel en als zodanig symbool voor de totaliteit, die alles omvat. De hindoes kennen het kosmische ei. Alles en niets, leegte en volheid, begin en einde ontmoeten elkaar in het 'getal' nul.

1.

Het getal één is het eerste getal en daarmee symbolisch voor elk nieuw begin. In het begin is alles nog puur en onbezoedeld, ondeelbaar zichzelf, uniek. Het is de eerste manifestatie vanuit de leegte. De eerste scheppingsdaad in de bijbel is de creatie van 'licht'. Licht is bewustzijn, het 'woord', de Logos.
Elk ander getal, gedeeld door of vermenigvuldigd met één, blijft zichzelf. Eén is symbolisch voor het eigene, het unieke. Je kunt niet iets anders zijn dan wat je bent. Je kunt jezelf niet verliezen, niet wezenlijk. Het is ook het middelpunt van de cirkel, waar alles omheen draait.
Als je de nummer één bent, ben je ook alleen. De eerste zijn om iets nieuws te beginnen, is niet gemakkelijk. Je moet het lef hebben om alleen op jezelf te vertrouwen, want als je eerst afwacht of om toestemming vraagt, ben je geen nummer één meer. Eén is actie zonder meer: je doet het of je doet het niet. Je bent het of je bent het niet.
Eén is eenzaam en alleen, maar tegelijk 'één-saam' en 'Al-één'. Want het meest eigene, waarin je je het meest alleen voelt, is tegelijk datgene waardoor je verbonden bent met alles. Je bent de microkosmos, waarin de hele macrokosmos zich spiegelt.

2.

Twee is het getal van dualiteit. Iets bestaat altijd in relatie tot iets anders. Licht heeft geen betekenis zonder donker. We kunnen niet iets goed vinden zonder een idee van wat slecht is. Als één het middelpunt is, is twee de periferie, de omgeving. De omgeving spiegelt het middelpunt en geeft er inhoud aan. Twee is ook het ontvangende principe (vergelijk yin en yang), dat de scheppende impuls in zich opneemt en er gestalte aan geeft. Als één de actie is, is twee de re-actie.
Dualistische systemen en filosofieën denken in termen van tegenstellingen. Het lichte en het goede moet het donkere en het kwade overwinnen. Maar als het één niet kan bestaan en zelfs geen betekenis heeft zonder het ander, schep je daarmee verdeeldheid. De tegenstellingen heb-

ben elkaar nodig en vertellen samen een verhaal, dat méér is dan de som van de samenstellende delen.
Eén is een punt. Twee bestaat uit twee punten, maar daarmee is er óók een lijn, die de twee punten verbindt! De lijn staat voor verbinding, wisselwerking, relatie. Je leert jezelf kennen door de ander. Je leert wat waar is door wat niet waar is. Zo leer je te verbinden door te onderscheiden.

3.
Eén is 'these' (stelling), twee is de 'anti-these' (tegen-stelling), drie is 'syn-these': de overbrugging van de tegenstelling. Het getal drie tilt de dualiteit naar een hoger niveau. Als twee mensen het oneens zijn, is er een derde nodig, die beide standpunten kan begrijpen en kan verenigen in een visie waarin de tegenstellingen geen tegenstellingen meer zijn, maar elkaar aanvullende principes.
Als het mannetje (één, het scheppende principe) samen met het vrouwtje (twee, het ontvangende principe) een kindje verwekt, zal het kindje zowel iets van de beide ouders hebben als iets unieks van zichzelf. Drie is het getal van groei en vruchtbaarheid. Het is het getal van het onuitputtelijke leven dat steeds nieuwe vormen voortbrengt.

De even getallen hebben iets statisch. Ze brengen stabiliteit en evenwicht. De oneven getallen zijn dynamisch en brengen altijd een nieuwe dimensie. Tegelijk verstoren ze het bestaande evenwicht. Driehoeksverhoudingen zijn zelden stabiel, maar ze brengen de bestaande relatie in een stroomversnelling. Drie is een getal van beweging en proces, is dus weinig voorspelbaar en altijd vol verrassingen.
Geometrisch kan het getal drie voorgesteld worden door een driehoek: de basispunten staan voor de dualiteit, de top van de driehoek staat voor synthese, dynamiek, groei.

4.
De dynamiek van het getal drie vindt weer stabiliteit in het getal vier, dat staat voor vaste vormen en structuren. Met behulp van het getal vier oriënteren we ons in de ruimte door middel van de vier windrichtingen.
Het getal vier helpt ons om orde te scheppen: zie de manier waarop we schema's maken en percelen indelen door middel van vierkanten en rechthoeken. Zo krijgt alles een plaats binnen een structuur. Ook de naamgeving van de dingen valt onder het getal vier, want door iets een naam te geven, krijgen we er greep op.
Juist vanwege de vaste orde is het getal vier tevens het getal van de verstarring. Dan is het een eindpunt, waarna niets meer gebeurt. We streven naar orde, maar als we die orde eindelijk bereikt hebben, is het een steriele bedoening, waar het leven uit verdwenen is.
Geometrisch kan het getal vier voorgesteld worden door een kruis, als bij de windrichtingen of een vierkant of rechthoek, waardoor een bepaald gebied wordt omsloten en gedefinieerd.

5.
Als je in een vierkant de diagonalen tekent, snijden ze elkaar in het middelpunt. Dat punt is symbolisch voor het principe, dat de vier hoekpunten bundelt en integreert: de 'quintessence', de essentie van vijf. Je kunt ook denken aan een piramide met een vierkant als grondvlak, waarbij de top dan de quintessence voorstelt. De quintessence is het zingevende, organisatorische principe, dat de structuur van het getal vier richting en betekenis geeft. Waar is het middelpunt van de vier windstreken? Dáár waar je bent: alleen vanuit waar jij bent, krijgen de vier richtingen betekenis.
Het getal vijf is ook het getal van de mens: vijf zintuigen, vijf vingers, vijf tenen. Heel bekend is de figuur van Leonardo da Vinci, waarin hij de mens met gespreide armen en benen tekent in een pentagram. En het pentagram is weer een symbool dat staat voor creativiteit. De mens als heerser over de vier windstreken, als organisator en zingever van de vormen (vier) van het leven.
Vijf is ook een onrustbrenger omdat de rust en de orde van het getal vier in beweging komen. Oude, afgeleefde vormen, die geen zin meer hebben, worden opgeruimd en vervangen door nieuwe vormen, die inhoudsvoller zijn.

6.
De meest logische geometrische vorm bij het getal zes is het 'salomonszegel', dat bestaat uit twee in elkaar geschoven driehoeken, waardoor een kristalachtige, harmonische figuur ontstaat. De driehoek met de punt naar boven wijst van de aarde naar de hemel, waarbij je kunt denken aan opstijging, synthese, transformatie. De driehoek met de punt naar beneden wijst van de hemel naar de aarde, waarbij je kunt denken aan schepping, afdaling, vormgeving.
Het salomonszegel verwijst naar het verbond, dat God met Noach sloot na de zondvloed. Het teken daarvan was de regenboog: symbool van een gelukkige vereniging van hemel en aarde. Alles bij het getal zes draait om harmonie en evenwicht. Hemel en aarde, geest en lichaam, binnen en buiten zijn in harmonie. Het is het idee van 'thuis' zijn, op je plek zijn: de plek waar je voeding geeft en ontvangt. Als je naar jezelf kijkt door de 'bril' van het getal zes, zie je jezelf als deel van je omgeving. Welke rol je speelt, hoe je je omgeving beïnvloedt en de omgeving jou. Je ziet de wisselwerkingen die er zijn, de vormen van samenwerking waarin je betrokken bent.

7.
Zeven wordt vaak een heilig getal genoemd. God schiep de aarde in zeven dagen: zes werkdagen en één rustdag (de zondag). Het octaaf bestaat uit zeven tonen. De regenboog bestaat uit zeven basiskleuren. Er zijn zeven klassieke 'planeten', waarbij de zon in het middelpunt staat. Alice Bailey schreef over de zeven 'scheppingsstralen', die ieder een eigen kwaliteit hebben. De joodse kandelaar heeft zeven armen met één ervan als de centrale as in het midden.
De zon, het witte licht, is de goddelijke essentie, die uiteenvalt in kwaliteiten en kleuren. Op het vlak van onze persoonlijkheid is het duidelijk, dat we allemaal verschillende 'kleuren' en eigenschappen hebben, die ieder van ons uniek maken. We zijn allemaal unieke expressies van het god-

delijke, van het leven, zo je wilt. Het is door deze 'uniekheid' dat we zowel goddelijk als eenzaam zijn. We mógen zijn wie we zijn, maar we kùnnen ook alleen maar zijn wie we zijn. We hebben unieke kwaliteiten en die kun je als gezegende talenten beschouwen, maar net zo goed als éénzijdigheden en tekortkomingen. In die zin dragen we ieder ons eigen kruis en gaat ieder zijn eigen weg.

8.
Je kunt het getal acht zien als de verdubbeling van het getal vier. Een hogere vorm van orde dus. Geometrisch kun je het getal acht voorstellen door twee in elkaar geschoven vierkanten, die precies in een cirkel passen. De vier diagonalen symboliseren tegenstellingen, die opgenomen zijn in een ordelijke structuur, die de vorm van de cirkel heel dicht benadert. Als de cirkel staat voor de 'totaliteit', laat deze figuur de wetmatige orde zien, die daarin heerst.

Dezelfde structuur is overigens te herkennen in het Rad van Fortuin (kaart X), waarin hetzelfde principe duidelijk gemaakt wordt: de wetmatigheden van de kosmische orde. Vaak wordt het getal acht geassocieerd met karma: na de zeven, jouw unieke persoonlijkheid, komt de acht: jouw unieke lot, dat precies past bij jouw unieke 'kleur'. Je trekt aan wat bij je past.

Het getal zeven heeft te maken met zelfkennis, het getal acht met inzicht in de objectieve wetmatigheden. Daardoor leer je objectief tegenover jezelf te staan. Je leert om te zien wat bij je past en daardoor krijg je beheersing over je omgeving en inzicht in je 'lot'. Daarom is acht ook het getal van meesterschap.

De liggende acht is het lemniscaat, symbool van oneindigheid en de wisselwerking tussen sferen. De beweging ervan is als het leven zelf: uitzetten en inkrimpen, waken en slapen, geboren worden en sterven. Het middelpunt is het eeuwige hier-en-nu.

9.
Bij de negen eindigt de reeks van de grondgetallen. Het getal negen heeft bijzondere eigenschappen. Alle veelvouden van negen hebben ook het getal negen als grondgetal. Als je bij een willekeurig getal negen optelt (of er van af trekt), verandert het grondgetal niet! Het is een getal van vervulling, verzameling en oogst. Alles komt samen in een totaalbeeld, dat overzicht geeft en tegenstellingen overbrugt. De beweging vanaf de één gaat van éénheid naar verscheidenheid, wat tegelijk ook het wordingsproces van het leven is. De verscheidenheid beweegt uiteindelijk in de richting van éénheid en dat is wat er in het getal negen wordt gesymboliseerd.

De uitkomsten van een doorlopen proces, de resultaten die je oogst van voorbije ervaringen en beslissingen, zijn zelden alleen maar positief of negatief. Maar zelfs die tegenstellingen worden hier overbrugd, omdat je leert van ál je ervaringen. Eén en al rijkdom dus, maar soms overheerst de bitterheid of het verdriet. Dat kan alleen maar betekenen dat je nog niet al je ervaringen 'een plaats' hebt kunnen geven.

10.
Volgens de regels van de numerologie is het grondgetal van 10: $1 + 0 = 1$. Na de negen staat de tien voor het begin van een nieuwe cyclus en in dat nieuwe verschijnt de één weer.
De vier Tienen, die voorkomen in de Kleine Arcana, laten allemaal een overgangssituatie zien. Ze vatten de voorafgaande reeks samen, maar tegelijk bevatten ze de kiemen van de nieuwe fase die zich aandient.

3.2. De vier elementen
De leer van de vier elementen maakt een belangrijk deel uit van de klassieke erfenis. In de Griekse geneeskunde speelden de vier elementen al een grote rol en ook in de hermetische tradities van de astrologie, de alchemie en de kabbala zijn ze uiterst belangrijk. In de tarot vinden we de vier elementen terug in de vier 'kleuren' van de Kleine Arcana en in enkele bijzonder belangrijke kaarten van de Grote Arcana: de Magiër (kaart I), het Rad van Fortuin (kaart X) en de Wereld (kaart XXI).

Bij het Rad van Fortuin en de Wereld zien we de vier elementen in de hoeken van de kaart in hun astrologische gedaante: de leeuw (van het sterrenbeeld Leeuw: vuur), de stier (van het sterrenbeeld Stier: aarde), de adelaar (de getransformeerde Schorpioen: water) en de engel (van het sterrenbeeld Waterman: lucht). Op deze kaarten wordt een totaalbeeld gegeven van de kosmos. Ze zeggen in feite dat het gehele gemanifesteerde universum bestaat uit deze vier elementen.

Bij de Magiër zien we de vier elementen op de tafel liggen als gereedschappen, die de Magiër kan gebruiken: een staf, een bokaal, een pentagram en een zwaard. Nu zien we de elementen als 'functies' van de Magiër, want de attributen staan niet alleen voor de elementen buiten hem, maar ook voor kwaliteiten ín hem.

In de Kleine Arcana vinden we de werelden van de vier elementen in de breedte en de diepte uitgebeeld. De genummerde kaarten van de Aas tot en met de Tien schilderen een ontwikkelingsweg in elk element. De hofhouding toont persoonlijkheidstypes, die tekenend zijn voor de kwaliteiten van de elementen.

In de natuurkunde herkennen we de vier elementen in de 'aggregaatstoestanden': vaste stof is aarde, vloeibare stof is water, gasvormige stof is lucht. Vuur is dan het meest ijle element. Een opeenvolging van dichtheden dus, die we op een ander niveau ook weer bij de kabbala tegenkomen. De antroposofie onderscheid vier 'temperamenten' en Jung beschrijft vier persoonlijkheidstypes die overeenkomen met de vier elementen.

Het zal duidelijk zijn dat de symboliek van de vier elementen enorm uitgebreid en complex is. In 'De Levende Tarot' ga ik dieper in op de achtergronden en de verschillende niveaus waarop de symboliek van de vier elementen te begrijpen is. Hier zal ik volstaan met een beschrijving van de elementen zoals die in de tarot van Waite voorkomen.

Vuur - de Staven

Vuur is het element met de grootste lading aan energie. Het is een 'aanstekelijk' element dat transformerend kan werken op de andere drie (verbranden, smelten, koken) en dus in zekere zin de leiding of het initiatief heeft. Als het vuur teveel overheerst, verbrandt en verdroogt alles, want vuur is ook verterend. Het vernietigt datgene waar het op brandt, maar kan tegelijk zonder die brandstof niet bestaan.

Als persoonlijkheidstype is het de initiatiefnemer, de leider die inspireert. De hitte van het vuur vertaalt zich in de persoonlijkheid als gedrevenheid en enthousiasme. De kracht van het element uit zich in een sterke wil, die op resultaat gericht is. Het is de ondernemer, die risico's neemt, omdat hij mogelijkheden ziet die nog in de kiem zijn. Jung noemt dit het intuïtieve type omdat je iets kunt zien, wat er (nog) niet is. Een extreem vuurtype kan zich uitputten en ook veel van anderen vragen want zijn idealen zijn heilig voor hem. Zo kan hij vernietigen wat hij nodig heeft.

In de Kleine Arcana wordt het vuurelement afgebeeld door uitbottende stokken. Als je een afgezaagde tak van een wilg in de grond zet, gaat hij uitlopen. De staven van de tarot hebben kiemkracht: waar je je staf neerzet, begint er iets te groeien. Dat is wat een intense, gerichte aandacht teweegbrengt: nieuw leven. De stavenkaarten vertellen het verhaal van onze ondernemingen en plannen, de inspanning van de wil om iets te bereiken, onze leerprocessen in het verstandig om leren gaan met het element.

Lucht - de Zwaarden

Het element lucht delen we voortdurend met z'n allen. De wind, die nu door mijn raam naar binnen stroomt, voert geuren en sferen mee van verre landen. Als je met een paar mensen in één ruimte bent, adem je dezelfde lucht in. Jouw uitademing wordt straks de inademing van de ander en andersom. Lucht is onzichtbaar, vluchtig en snel. Lucht is de drager van geluidsgolven, van de gesproken taal dus ook. Wat er 'in de lucht hangt' is vaak een sfeer, een modeverschijnsel of zoiets als de publieke opinie. Wat de bron is, hoe het beweegt en waar het heengaat is moeilijk te traceren: zó snel gaat het. Je gedachten kun je nauwelijks je persoonlijk eigendom noemen, al doen we graag alsof. Bijna alles wat we denken is geleend en we delen onze gedachten sneller en vollediger dan we beseffen.

In de esoterische tradities wordt het element lucht in verband gebracht met de 'causale wereld': de wereld van de oorzaken. Zoals je denkt, zo zul je worden. Zoals jij de wereld begrijpt, zo zal de wereld zich aan je laten zien. Datgene waar je naar luistert, zal je beïnvloeden. Datgene wat je negeert, zal je achterhalen.

Lucht-types zijn snel en vluchtig. Ze raken de dingen heel licht aan en zijn alweer weg. Doordat ze zich niet hechten, kunnen ze objectief en helder blijven. Ze kijken makkelijk over hun grenzen heen en blijven zo geestelijk fris. In de sociale wereld kunnen ze nuttig werk doen als bemiddelaar, gespreksleider of theoreticus. Extreme lucht-types kunnen het contact verliezen met de aardse realiteit en dus ook met hun lichaam. Dan krijgen ze wereldvreemde ideeën, die geen verheldering meer brengen, maar alleen nog verwarring zaaien. Tenslotte haalt de 'realiteit' hen in en confronteert hen met de verwarring, die ze gezaaid hebben.

In de Kleine Arcana wordt het lucht-element vertegenwoordigd door de zwaardenkaarten. Het zwaard als symbool is een instrument om de waarheid te kennen. Een zwaard maakt een scherp onderscheid tussen waarheid en leugen, echt en onecht, goed en kwaad en symboliseert zo het oordeel, de overtuiging. Bij sommige kaarten wordt het zwaard gebruikt als een soort antenne (zie bijvoorbeeld de Koningin en de Schildknaap) om de waarheid te vinden. Dan zien we een aandachtige, luisterende houding zonder vooroordeel. In andere kaarten wordt het zwaard gebruikt als wapen om de waarheid te verbreiden en anderen te overtuigen (de Ridder). Het zwaard kan zich ook tegen je keren (de Acht en de Tien).

De reeks leert ons om tot heldere gedachten en oordelen te komen, die in overeenstemming zijn met 'objectieve waarheid'. Onderweg moeten we voortdurend ons vooroordeel en ons onbegrip uitzuiveren en transformeren.

Water - de Bokalen

Water stroomt altijd naar beneden, het zoekt de diepte op om zich uiteindelijk te verenigen met haar bron, de oceaan. Daar verdampt het weer door de inwerking van zon (vuur) en wind (lucht) om tenslotte als regen de terugtocht te aanvaarden. De cyclus van water kan dienen als beeld van de reis van de individuele ziel, die zich afsplitst als waterdruppel, maar zich tenslotte toch weer verenigt met haar oerbron. Water is de bron en de voedster van het leven. Van de vier elementen is het de moeder die haar kinderen het leven geeft en verzorgt.

Water heeft geen eigen vorm: het neemt zonder enig voorbehoud de vorm van de omgeving aan zonder haar eigen aard te verliezen. Het staat stil in poelen en meren, stroomt door beken en rivieren, dondert met geweld naar beneden in stroomversnellingen en watervallen. Niet zelden verschijnt het beeld van een stromende rivier als symbool voor de levensloop. Alles beweegt, voortdurend verandert de omgeving waarin we ons bevinden. Toch blijven we in essentie dezelfde, wat er ook gebeurt.

Water-types zijn gevoelig en zorgzaam. Ze hebben een antenne voor de gevoelens en de behoeften van anderen, waardoor ze zich goed kunnen inleven: zó goed, dat ze daarbij zichzelf soms vergeten. Ze zoeken de diepte, want ze weten dat daar hun bron is en hun doel. Daardoor ontwikkelen ze een rijk gevoelsleven. Ze dragen de herinnering aan hun oerbron (hun zielenafkomst, hun kindertijd) met zich mee en kunnen dus erg nostalgisch zijn. Ze veranderen makkelijk mee met hun omgeving en ontwikkelen daarbij maar moeizaam een eigen persoonlijkheid. Hun verlangen naar harmonie en geluk maakt hen kwetsbaar en manipuleerbaar, omdat ze niet makkelijk 'nee' kunnen zeggen.

In de Kleine Arcana wordt het water-element vertegenwoordigd door de bokalenkaarten. Deze kaarten behandelen het zoeken naar harmonie, liefde en geluk. De reeks laat zien hoe we onderscheid kunnen maken tussen oppervlakkige en wezenlijke vormen van liefde en harmonie. Uiteindelijk leren we om het geluk minder buiten ons te zoeken en méér in onszelf.

Aarde - de Pentagrammen

Aarde is het meest dichte element, waar de energie het traagst is en de weerstand het grootst. De energie van de andere elementen krijgt vorm in het element aarde en daardoor kan de aardse materie tot leven komen en waarde, duurzaamheid en schoonheid vertegenwoordigen. Door haar vastheid en onbeweeglijkheid is aarde ook een demper, die afremt en zich afsluit voor invloeden van buiten.

Als persoonlijkheidstype is het de rustige uitvoerder, die gestaag en methodisch alles tot een goed einde brengt. De aarde-types zijn de afmakers, de vervolmakers. Ze kennen de materie, ze verspillen geen energie. Ze zijn nuchter, praktisch, betrouwbaar. Een extreem aarde-type kan zich blindstaren op nietszeggende details, zich afsluiten voor elke impuls van buiten en halsstarrig platgetreden paden bewandelen. Maar als aarde-types nuttig werk kunnen doen, zijn ze gelukkig en leveren hun zinvolle bijdrage.

In de Kleine Arcana wordt het aarde-element vertegenwoordigd door de Pentagrammenkaarten. In de meeste andere versies van de tarot zijn het 'schijven' of 'munten', die duiden op aardse waarden. De Pentagrammen verwijzen naar de creativiteit van de 'Mens' (zie getal 5) en beschrijven wat we concreet neerzetten op deze aarde. Hoe we onze plek vinden, hoe we ons nuttig maken, wat we uiteindelijk oogsten aan bezit, kennis en ervaring.

De integratie van de vier elementen

Als je één van de vier elementen sterk hebt ontwikkeld, zul je in de bovenstaande beschrijvingen wel herkenningen vinden, waarschijnlijk zowel in positieve als in negatieve zin. Hoe sterker een element in je vertegenwoordigd is, hoe meer kans op extremen en onevenwichtigheden. De vier elementen vormen nu eenmaal samen een geheel, dat belangrijker is dan de som der delen. Er gelden dan ook wetmatigheden, die ervoor zorgen, dat een te sterke nadruk op één element wordt gecompenseerd. Een extreem vuur-type heeft de temperende invloed van met name aarde nodig om niet op te branden en om tot concrete resultaten te komen. Het heeft water nodig om niet al te egoïstisch te worden en lucht om objectief te blijven. Als die compensatie niet bewust gebeurt, dan gebeurt het onbewust. Een extreem lucht-type kan het contact met zijn gevoel verliezen, dat dan op onbewaakte momenten met geweld de kop op steekt. Deze compenserende wetmatigheden zijn ook heel duidelijk te herkennen in relaties. Een traag aarde-type roept in anderen ongeduld op. Een overgevoelig water-type nodigt anderen uit om te relativeren (lucht). Tegenovergestelde elementen trekken elkaar aan. Een krachtig vuur-type met veel ideeën kan een prima koppel vormen met een aarde-type die die ideeën om kan zetten in praktisch handelen.

Vanuit de geboortehoroscoop is meestal al een hoop te zien van wat de sterke en zwakke elementen zullen zijn. De sterke elementen worden meestal al vroeg ontwikkeld en vormen de basis van de persoonlijkheid. Maar de zwakke elementen zullen om aandacht blijven vragen tot ze bewust genoeg erkend en ontwikkeld zijn om hun rol mee te spelen. Een extreem water-type kan er een heel leven over doen om te leren voor zichzelf op te komen.

Het punt is natuurlijk dat je er niet één kunt missen en wat je tracht te negeren zal op slinkse wijze toch de aandacht opeisen. Onze omgeving reageert vaak juist op negatieve wijze op ons zwakke element. Het integreren van het 'zwakke' element kan een moeizame weg zijn, zelfs een taak voor het leven, maar de beloning is groot als het lukt. Je voelt je completer, je wordt effectiever en je omgeving gaat positiever reageren.

De Magiër (kaart I) heeft de vier elementen als gereedschappen vóór zich op zijn tafel liggen. In principe heeft hij op elk moment de vrije keuze om te kiezen welke gereedschappen hij wil gebruiken. In de praktijk zijn onze keuzes vaak helemaal niet zo vrij en misschien zelfs dwangmatig. Het leren kennen van alle vier de elementen in onszelf en buiten ons en leren om ze in de juiste verhouding en op het juiste moment toe te passen, is vaak een moeizame weg. Maar het is wél een weg die tenslotte leidt tot de volledige realisatie van wie we (kunnen) zijn en een maximale effectiviteit in ons handelen.

4. De Grote Arcana

0 De Zot

De essentie van de kaart is te vinden in de beweging die de Zot maakt: van links boven naar rechts onder. Zijn afkomst is de witte zon achter hem en vóór hem wacht de afgrond. De witte zon symboliseert de zuivere geest, zo ook de wit besneeuwde bergen. De witte roos in de linkerhand van de Zot geeft aan, dat hij (onbewust) nog in verbinding staat met de bron waar hij uit voortkomt. En als hij het vergeet, zal de witte hond - zijn zuivere instinct - hem er aan herinneren. De afgrond is de materie, de onbewustheid, waarin hij afdaalt.

De Zot is een kind van God. Hij is de drager van de goddelijke vonk. Maar hij is het al bijna vergeten en zijn val in de diepte zal hem onderdompelen in vergetelheid. Ook van de aarde is hij zich niet bewust: zorgeloos kijkt hij omhoog en niets lijkt zijn val te kunnen stoppen, zelfs de hond niet. Toch zal hij nooit verliezen wat wezenlijk het zijne is. In zijn knapzak, hoe klein ook, zit alles wat hij nodig heeft. Dat weet hij nu nog niet, maar op de cruciale momenten zal hij ontdekken hoe rijk zijn bagage is.

Op zijn hoofd prijkt een lange rode veer. Rood is de kleur van het bloed: leven, hartstocht, verlangen. En dat is wat hem drijft: het verlangen naar leven in een fysiek lichaam en de ervaringen die hij daarbij kan opdoen. Hij is niet bang, want hij beseft instinctief, dat hij onsterfelijk is. Zijn val, de vergetelheid die al begonnen is, de beperkingen en de beproevingen die hem wachten schrikken hem niet af. Het zijn slechts de (tijdelijke) kleren waarin hij zich hult.

De Zot is vrij en nergens aan gebonden, zolang hij niet kiest. Daarom kan hij de wereld onbevooroordeeld en onbevangen op zich af laten komen. En omdat hij nog geen omschreven persoonlijke identiteit heeft kan hij worden wat hij wil. De Zot is het kind in jezelf, dat speels en nieuwsgierig is, dat helemaal in het hier-en-nu leeft. Elk moment is nieuw, elke volgende stap een avontuur. Volwassenen zullen je waarschuwen en je vertellen dat je niet het water in moet gaan als je niet kunt zwemmen. Maar de Zot zal toch de sprong wagen, omdat hij weet dat dat de enige manier is waarop je kunt léren zwemmen. Hij houdt er niet van om te leren naar een model, hij wil het zelf ervaren en ontdekken.

Het vrije, speelse kind in onszelf raakt gemakkelijk bedolven onder de regels en de verwachtingen van de wereld, die ons vertelt wie we moeten zijn en ons niet vraagt wie we willen zijn. Dan gaan we ons aanpassen in een poging om te krijgen wat we nodig hebben. We vergeten wat echtheid is en leren om genoegen te nemen met surrogaten. Angst wordt de raadgever in ons zoeken naar erkenning en bevestiging. Maar toch zullen er steeds sprankjes zijn van de Zot in onszelf, omdat hij door niets klein te krijgen is.

De Zot staat aan het begin van de reis en herinnert ons eraan, dat we altijd beginners zijn die niets weten. Een geleerde kwam bij een zenmeester en vroeg hem naar de zin van het leven. De zenmeester antwoordde niet, schonk de geleerde een kop thee in en bleef schenken toen de theekop allang vol was. 'Wat doet u nu?', vroeg de geleerde, 'u verspilt de thee.' De zenmeester antwoordde: 'U bent als deze theekop, u zit vol met kennis en vooroordelen. Maak u eerst leeg, zodat u de waarheid kunt opnemen.'
De meeste spirituele leringen beginnen met 'de-conditionering': het doorbreken van vaste gedragspatronen en gewoontes. Je kunt hier een oefening van maken door de dingen eens heel anders te doen. Neem eens een andere weg naar je werk en kijk wat je ziet. Vraag de bakker eens naar zijn gezondheid in plaats van om brood en je zult een nieuwe ervaring hebben. Kijk eens terug op je leven naar de 'dwaze' dingen die je hebt gedaan. Wat hebben ze je opgeleverd? Welke nieuwe werelden heb je voor jezelf geopend door je impulsen te volgen en niet vooraf te denken? Als je je pure nieuwsgierigheid volgt, waar kom je dan uit?
Hoe geconditioneerd ben je? Hou je je angstvallig aan de regels? Ben je bang om gek gevonden te worden?

We kunnen geen verantwoordelijkheid dragen voor datgene waarvan we ons niet bewust zijn. Niemand kan of mag dat van ons vragen. Maar met de ervaring komt er bewustzijn en daarmee de verantwoordelijkheid. Sommige 'Zotten' willen eeuwig 'zot' blijven. Ze schrikken terug voor verantwoordelijkheid, willen zich nergens aan binden en ontlopen de keuzes die het leven hen voorlegt. Maar dat is geen onschuld meer, maar dwaasheid! Je kunt niet eeuwig met je hoofd in de wolken blijven lopen en doen alsof je er niet bent en niets jou raakt. Op die manier kun je je lot niet ontlopen.
Is het ons lot om in de afgrond te vallen, gevangen te raken in dit aardse tranendal? Dat is wat we denken als we in de val zitten en geen uitweg meer zien. Maar de Zot in ons heeft toch echt gekozen voor dit leven: onbewust misschien, maar onderschat zijn wijsheid nooit!

I. De Magiër

In een aantal opzichten is de Magiër de voortzetting van de Zot. Beiden hebben ze een wit onderkleed, waarmee hun zuiver geestelijke oorsprong wordt getoond. Het lemniscaat boven het hoofd van de Magiër en de slang om zijn middel, die in zijn eigen staart bijt, duiden op zijn onsterfelijkheid. Ook bij de Magiër zien we een beweging van boven naar beneden. In zijn rechterhand heeft hij een staf die omhoog naar de hemel wijst, waar hij zijn inspiratie vandaan haalt. Zijn linkerhand wijst naar beneden en daarmee brengt hij zijn inspiratie op aarde. Let op de herhaling van de rode rozen boven hem en onder hem: een weergave van de hermetische wijsheid 'zo boven, zo beneden'. De Magiër is de mens als microkosmos, die de macrokosmos weerspiegelt. Een glorieus beeld van de mens als scheppend wezen: op aarde gekomen om zijn geestelijke inspiraties uit te werken en gestalte te geven.

Net als de Zot is hij nog jong en onervaren, maar hij staat al met beide benen op de grond, middenin zijn aardse realiteit. De vier elementen vóór hem op de tafel zijn de gereedschappen, die hem ten dienste staan om zijn ideeën te verwezenlijken. Het zijn de elementen buiten hem die zijn aardse realiteit uitmaken en waar hij mee werkt, maar ook de elementen ín hem als functies en kwaliteiten die hij op elkaar af moet zien te stemmen. Geen gemakkelijke klus, maar niets is onmogelijk voor de Magiër. Het is goed om te beseffen dat we de Magiër hier zien met zijn potentiële mogelijkheden, niet met zijn uiteindelijke verworvenheden. Net als bij de Zot geldt voor hem, dat hij alleen kan leren door te doen. Misschien dat hij soms verdacht veel lijkt op de tovenaarsleerling, die een toverspreuk toepast zonder kennis van zaken en gevolgen over zich afroept, die al gauw buiten zijn controle vallen. Je kunt zeggen dat dat bewijst hoe dom we vaak zijn, maar het bewijst tegelijk hoe groot de potentiële macht van de tovenaarsleerling is!

De Magiër is de nummer één en dus de eerste en de enige die zijn specifieke inspiratie heeft. Niemand kan het hem vertellen, dus zal hij iets moeten doen om het zichzelf en de wereld te bewijzen. Al doende realiseert hij zichzelf. Zijn scheppende ideeën zullen zichtbaar worden in zijn doen en laten en in wat hij creëert. Zo leert hij en al doende zal hij zich herinneren wie hij is en wat hij te doen heeft.

Het hanteren van de gereedschappen (staf, bokaal, zwaard en pentagram: de vier elementen) vereist buitengewone vaardigheden, want het zijn krachtige instrumenten, die zich ook tegen de Magiër kunnen keren. Als je aan de materie (aarde) geen aandacht besteedt, zal de aarde jou op pijnlijke wijze aan haar bestaan herinneren. Als je meent dat gevoelens maar lastige dingen zijn die genegeerd kunnen worden, zul je er een keer door overspoeld worden. Hanteert de Magiër het element of hanteert het element de Magiër?

De integratie van de vier elementen in ons en buiten ons is een niet te onderschatten karwei (zie ook het stukje daarover in H.3.2.). Toch hangt het succes van de Magiër daar grotendeels van af.

Ben je in staat om je creatieve impulsen (vuur) te begrijpen en te communiceren (lucht)? In hoeverre kleuren je overtuigingen (lucht) je waarneming (aarde)? Kun je je wil (vuur) temperen met geduld (aarde)? Ben je goed in je werk (aarde), maar in conflict (vuur) met je collega's? Kun je je verlangen (water) omzetten in een concrete vraag (aarde)? Is je geluk (water) afhankelijk van de hoeveelheid geld (aarde) die je hebt? Zo kan ik nog wel een tijdje doorgaan: vul zelf maar in. De Magiër kan in wezen alles creëren wat hij wil, maar dan zal hij alles wat hij heeft, moeten inzetten. Hij zal zich moeten concentreren en zijn aandacht richten op de juiste manier en op de juiste dingen. Als het hem lukt, is hij een echte Magiër, die wonderen verricht. Maar ook wat niet lukt, is een creatie waarvan hij kan leren. Want we zijn niet aan het oefenen om meesters te worden. We zijn meesters, die oefenen.

De Magiër kan de al te gretige tovenaarsleerling zijn, die méér krachten oproept dan hij kan hanteren. Of de eigenzinnige nummer één, die alleen zichzelf serieus neemt en doof is voor goede raad. Maar ook de al te voorzichtige Magiër, die ervoor terugschrikt om hardop te zeggen en te doen wat hij wil. Die maar wacht op de gunstige voorwaarden, die nooit komen, omdat hij zelf de eerste stap niet zet.
We zijn levende kanalen voor scheppende energie en de wereld ligt aan onze voeten om er te doen waarvoor we gekomen zijn. Dat werkelijk te beseffen is geen kleinigheid.

II. De Hogepriesteres

In veel opzichten is de Hogepriesteres de tegenhangster van de Magiër. Samen zijn ze de hoofdrolspelers in de Grote Arcana en we zullen ze nog in verschillende gedaanten tegenkomen in de andere kaarten. De eerste drie kaarten zijn uitspraken over de essentie van mens-zijn. De Zot zegt dat we kinderen van God zijn. De Magiër toont de mens als scheppend wezen, begiftigd met de inspiratie en de middelen om zijn doel te bereiken. De Hogepriesteres toont een bijzonder subtiele kant van het mens-zijn: het mysterie van het leven zelf.

Het is belangrijk, als we de Hogepriesteres willen begrijpen, om te beseffen dat we oog in oog staan met een mysterie. De geheimen van de Hogepriesteres blijven verborgen achter de voorhang tussen de witte en de zwarte pilaar. De boekrol in haar hand, de Tora, is gesloten en het is de vraag of ze de kennis die in dat boek besloten is, zal prijsgeven. Onderin de kaart zien we een maansikkel: symbool voor de nacht, het onbewuste, het vrouwelijke. Ook in haar kroon herkennen we de drie maanfasen: wassende maan, vollemaan en afnemende maan. De letters B en J op de pilaren duiden óók nog eens op het mysterie: in de tempel van Salomo stonden voor het 'heilige der heiligen', waar slechts eens per jaar de hogepriester mocht komen, twee pilaren met de namen Boaz en Jachin. Zo wordt het thema van het mysterie in de kaart op vele wijzen getoond en versterkt.

Het was een moedige daad van de ontwerpers van de tarot om de Hogepriesteres op zo'n prominente plaats in de reeks op te nemen. Ze plaatsten het vrouwelijke op gelijk niveau met het mannelijke, wat in die tijd ongehoord was. De wereld achter de Hogepriesteres is niet minder omvangrijk of indrukwekkend dan die achter de Magiër. Ons bewustzijn (de Magiër) vertegenwoordigt maar een bescheiden stukje van het geheel. We weten niet wat er gebeurt als we slapen. Ons lichaam functioneert met een perfectie van jewelste zonder dat we daar veel bewust in regelen. Freud ontdekte dat we de belangrijkste beslissingen van ons leven (huwelijkspartner, woonplaats, werk e.d.) vanuit volstrekt irrationele en grotendeels onbewuste motieven nemen. Hersenonderzoekers vermoeden dat we minder dan 10% van de capaciteit van ons brein bewust gebruiken. In alle voorbeelden staat de Hogepriesteres voor het gebied dat nog onbekend is.

De Hogepriesteres zal ons blijven herinneren aan het feit dat het leven een mysterie is en dat wij zelf ook een mysterie zijn, zelfs of juist voor onszelf. Hoewel we niet weten hoe het functioneert, blijkt onmiskenbaar dat er in het gebied van het onbewuste een grote wijsheid werkzaam is. Waarom is slapen zo gezond en putten we ons uit als we wakker zijn? Waar komen de voorgevoelens vandaan die ons voorbereiden op toekomstige gebeurtenissen? Hoe herken je je zielsverwanten? De grootste gebeurtenissen in ons leven ervaren we als wonderen, waar 'alles op zijn plaats viel': wie was de regisseur van die gebeurtenissen, wie de spelers? Ik stel deze vragen niet met de verwachting dat er sluitende antwoorden komen. Laat de vraag de vraag zijn en luister, heb aandacht voor wat het leven je gratis laat zien. Heb respect voor het mysterie. Zonder dat zou je niet bestaan. Je bent er deel van.

Toch is het onbewuste een misleidende term. Als het werkelijk een totale onbewustheid zou zijn, zouden we het er niet eens over hebben. Het is van belang om de termen 'bewust' en 'onbewust' te zien als delen van een dynamisch proces. Ook het bewuste fluctueert voortdurend. We zijn nauwelijks in staat om ons gedurende enige tijd op hetzelfde te concentreren. Wat het ene moment onbewust is, kan een volgend moment bewust worden. Vergelijk het bewuste eens met een mijnwerkerslamp, die op je hoofd vast zit. Alles vóór je is scherp verlicht, de rest van je gezichtsveld is duister. Dan draai je je hoofd en je ziet iets wat je eerst niet zag en wat je zojuist zag is onzichtbaar geworden. De Magiër is de bewuste, gerichte aandacht en de Hogepriesteres is het totale gebied dat je niet ziet, omdat je niet die kant op kijkt. In de bijbel staat dat alles wat verborgen is, geopenbaard zal worden. Als je maar kijkt, luistert, waarneemt, respecteert en je vragen stelt zonder de antwoorden in te vullen. Natuurlijk zullen er antwoorden komen. Ze zijn er voortdurend. In feite zijn er geen wezenlijke belemmeringen tussen ons en het gebied van de Hogepriesteres. Maar we zijn niet altijd in staat om datgene wat zich aan ons laat zien, op haar waarde te schatten.

Sommige gebieden van het onbewuste zijn zó duizelingwekkend uitgestrekt dat we er slechts glimpjes van krijgen. Denk eens aan het feit dat in de cellen van ons lichaam de informatie ligt opgeslagen van de hele evolutie van de planeet! De esoterie spreekt van de 'Akasha-kroniek', een soort 'database' waar de totale herinnering van de mensheid ligt opgeslagen. Denk eens aan de relativiteit van de tijd. Verleden en toekomst maken deel uit van een mysterieuze eenheid, die samenkomt in het hier-en-nu. Hoe worden de draden van het lot geweven, wat verbindt de toekomst en het verleden met het nu? De boekrol van de Hogepriesteres is de Tora, Hebreeuws voor 'wet'. Wat zijn de geheime wetten van het leven? Hoe worden we geboren, hoe sterven wij? Je kunt 'TORA' ook lezen als 'TARO' (zie ook Het Rad van Fortuin, kaart X): de boekrol is dan de tarot zelf. De Hogepriesteres is dan de schutspatroon van de tarot, de hoedster van de mysteriën die door de tarot onthuld (of vèrhuld!) worden.

Een wezenlijk aspect van de Hogepriesteres is haar vrouwelijkheid, waar ook de maansymbolen naar verwijzen. Ze is de natuurlijke partner van de Magiër, want door hun wisselwerking en wederzijdse (!) bevruchting ontstaat al het leven. Achter de voorhang is een zee te zien, de bron waaruit het leven is ontstaan. Rechts onderaan de kaart verandert het kleed van de Hogepriesteres in stromend water, dat we straks bij te Keizerin terug zullen zien als een stroom van levend, bevruchtend water. De granaatappelen op de voorhang zijn een belofte van vruchtbaarheid. Dat is tevens een belofte aan de Magiërs in ons: alles wat je wilt, is mogelijk. Zorg dat dat wat je wilt in harmonie is met de wetten van de natuur. Die wetten zullen je geopenbaard worden als je respect hebt voor het mysterie van het leven.

III. De Keizerin

Datgene wat verborgen was bij de Hogepriesteres, wordt geopenbaard bij de Keizerin. We zien hier de natuur in haar volheid. Groene bomen op de achtergrond, bevloeid door het stroompje, dat bij de Hogepriesteres begon. Op de voorgrond rijp graan, symbool van vruchtbaarheid en overvloed. Dat ook de Keizerin zelf leven baart, wordt duidelijk door de granaatappelen op haar kleed in de vorm van het Venus-symbool, dat ook te zien is binnen de vorm van het hart onder haar zitplaats.

In de Griekse mythologie was Venus de perfecte minnares: mooi, opwindend en aantrekkelijk. Venus staat bekend als de godin van de liefde en dan vooral in de zin van 'erotiek'. In brede zin kun je erotiek opvatten als een verlangen naar vereniging met 'de ander': degene of datgene dat je 'heel' maakt, alsof je zonder die ander niet compleet bent. Het is ook een verlangen naar schoonheid, naar datgene wat de zinnen prikkelt, wat aangenaam aanvoelt. Het is de motor achter de aantrekkingskracht tussen de geslachten en in brede zin mag dat gelden voor de hele natuur, waar 'mannetjes en vrouwtjes' druk in de weer zijn om zich voort te planten en voor hun nageslacht te zorgen. De Keizerin staat dus heel dicht bij de natuur. Ze is er zelfs de verpersoonlijking van. De kaart laat zien hoe overvloedig de aarde is in haar gaven. Alles wat onze zinnen aangenaam kan prikkelen, is in ruime mate aanwezig. De hele planeet tiert van leven in een oneindig aantal vormen en kleuren. Alles plant zich voort dat het een lieve lust is. De liefde van Venus, de Keizerin, is naar beneden, naar de aarde gericht in een gul, moederlijk, gevend gebaar. De afdaling van de geest, die begon bij de Zot, zet zich voort en bereikt nu de fysieke wereld van de Keizerin, waarin de geest alles aantreft wat nodig is om het leven te ervaren, te genieten en te bevruchten.

De Keizerin draagt een kroon met 12 sterren: de dierenriem, dus de twaalf maanden van het jaar, waarin de seizoenen zich afwisselen. De natuur volgt de ritmes van de hemel in haar cyclische omwenteling tussen sterven en opnieuw geboren worden. Vergis je niet! De Keizerin is óók de winter, de dood. De natuur brengt nieuw leven voort, maar daarin is sterven een integraal onderdeel van het geheel. Als je voluit 'ja' wilt zeggen tegen het leven, mag je de dood daarvan niet uitsluiten. Dan zou het maar een voorwaardelijk 'ja' zijn. Als je wilt genieten, mag je niet verwachten dat je nooit pijn zult ervaren. Vreugde en verdriet zijn onlosmakelijk met elkaar verbonden. De rijkdom van de natuur is het duidelijkst in de zomer, maar ook de winter heeft zijn eigen rijkdom. En elke leeftijdsfase heeft haar eigen waarde.

De schakel tussen de geslachten is de vrouw, de moeder. Daarom verwijst de Keizerin ook naar onze eigen moeder, en via haar naar onze 'stammoeder'. Via haar erven wij de natuurlijke evolutie van miljoenen jaren. De moeder koestert ons eerst binnen haar lichaam en als we geboren zijn, offert ze nog jaren van haar leven op om ons stap voor stap de wereld in te leiden. In bredere zin is de zorg voor de kinderen een zaak van de hele gemeenschap. We zijn zuinig op onze kinderen en willen ze het beste meegeven, want zij vertegenwoordigen de toekomst en in hen leven wij voort. 'Moeder' zijn is zorg hebben voor wat klein en kwetsbaar is. De levende wezens om je heen met liefde begroeten en waarderen en ze geven wat ze nodig hebben vanuit je eigen rijkdom. We zijn allemaal 'moeders' én 'kinderen'. De 'moeder in ons' staat voor wat we vanuit onze rijkdom te geven hebben. Het 'kind in ons' staat voor onze kwetsbaarheid en onze behoeftigheid.

Het is het lot van de moeder om haar kinderen los te laten. Vanaf de geboorte zullen haar kinderen zich steeds verder van haar verwijderen. Als moeder is het je taak om vast te houden en te koesteren, maar ook om los te laten en het kind op eigen benen te zetten. Het getuigt van wijsheid als je beide kunt. En voor ons als kinderen geldt, dat we ons mogen koesteren in de liefde van wie ons voedt, maar dat we ook moeten leren om op eigen benen te staan. Hoewel de Keizerin een zeer positieve kaart is, schuilt de valkuil juist in het prettige ervan. Genotzucht, verslaving, afhankelijkheid, bezitsdrang, overdreven moederliefde die verstikkend is. De Zot, die zijn afdaling zo vrij en ongebonden begon, wordt hier gevoed met alles wat hij nodig heeft, maar juist daarom loopt hij gevaar hier vast te blijven zitten en zijn onafhankelijkheid kwijt te raken.

IV. De Keizer

De Keizer en de Keizerin vormen, net als de Magiër en de Hogepriesteres, een koppel. Ze worden afgebeeld als aardse heersers, getuige hun naam en de machtssymbolen waarmee ze getooid zijn.
De Keizerin heerst over de natuur, de Keizer heerst over de cultuur. Hij staat voor het mannelijke bewustzijn dat de aarde ontdekt, in kaart brengt en leert beheersen. Het is een kwaliteit, die actief is, nieuwsgierig, gericht op verovering. We zien die kwaliteit terug in tekens van de ram op zijn troon. Heerser van het teken Ram is Mars, de mannelijke planeet die ook de tegenpool van Venus is. Waar we de Keizerin nog middenin de natuurlijke wereld aantreffen en de kaart vol is met natuurlijke vormen en lijnen, zien we de Keizer zitten op een vierkante troon in een kaal landschap. Het vruchtbare riviertje van de Keizerin is haast opgedroogd en is nog net te zien als een zieltogend stroompje achter zijn troon. Het zijn de hoekige, rechtlijnige wetten van de mannelijke geest, die de baas zijn. Het getal vier is hier te herkennen in de zin van het scheppen van vorm en orde. De Keizers van deze wereld zijn systeembouwers, die denken in abstracte termen. Ze ontwerpen de wereld op een tekentafel en voeren hun plannen efficiënt uit tot in de details.
Als de Keizer zich almachtig waant en meent dat hij de natuur volledig kan beheersen, maakt hij een grote vergissing. Als hij alleen maar neemt, zal hij vernietigen, waar hij van leeft en wat hij nodig heeft. Hij moet er voor zorgen dat er rust, vrede en welstand heerst in zijn 'rijk' en in die zin heeft hij in de eerste plaats een dienende taak. De Magiër leert hier zijn macht kennen, maar ook zijn begrenzingen, want zo gemakkelijk laat de natuur zich niet dwingen.

De Keizer is de aardse gedaante van de Magiër. Hij is een persoon geworden met een omschreven identiteit en positie in de wereld, met de bijbehorende macht en verantwoordelijkheid. Hier leert de Magiër om de consequenties van zijn daden, de uitoefening van zijn goddelijk recht om te scheppen, te dragen. De Keizer heeft gekozen voor wie of wat hij wil zijn. Hij heeft geleerd om zijn zaakjes te beheersen. Hij heeft een plek in de wereld veroverd, waar hij iets te zeggen heeft, waar hij gezien en erkend wordt. Ondertussen is hij 'wereldwijs' geworden en op aarde heeft hij zijn 'thuis' gevonden: zijn 'rijk'.
We zijn allemaal Keizers en we hebben ieder ons eigen 'rijk', waar we de baas zijn en onze rechten en plichten hebben, hoe klein het ook is. We zijn verantwoordelijk voor alles waar we ons bewust van zijn en dat geldt zowel voor de kennis die we hebben van onszelf als wat we begrijpen van de wereld om ons heen. Er wordt gezegd 'kennis vermeerdert macht', maar ook 'kennis vermeerdert smart'. Beiden zijn even waar. De veroveringen van de Keizer zijn indrukwekkend en glorieus, maar zelden zonder bijsmaak.
De Keizer staat ook voor controle, beheersing. Op zijn best uit zich dat in efficiëntie en vakmanschap, in discipline en betrouwbaarheid. Maar het kan ontaarden in krampachtigheid en

angst voor chaos, spontaniteit, diepere gevoelens, kwetsbaarheid. Dan krijgt de Keizer een harnas, dat hem misschien beschermt, maar ook isoleert. Zulke Keizers zien er misschien indrukwekkend uit, maar van binnen zijn ze zwak en onzeker. We zeggen 'de kleren maken de man', maar het is beter als de man de kleren maakt.

De Keizer is natuurlijk ook de vader. Hij zorgt voor zijn kinderen door de aarde voor hen veilig te maken en betrouwbaar. Hij geeft de verworvenheden van de cultuur door via opvoeding en onderwijs. En als de kinderen groot zijn, staat hij zijn machtspositie af en geeft hem door aan zijn jongere opvolgers. Dan is hij een dienende schakel in de evolutie van de mensheid.
Als vader stelt hij ook de wetten en eisen op waaraan de kinderen moeten voldoen. Het gevaar bestaat dat hij teveel eisen stelt en de vrije, spontane geest in hen afremt. Hij ziet zijn kinderen dan als zijn 'produkten', en niet als vrije geesten met een eigen inspiratie. Want als vertegenwoordiger van de traditie (de overgeleverde kennis van de mensheid) kan hij niet méér doen dan het verleden doorgeven. De toekomst is niet aan hem om te bepalen, maar aan zijn opvolgers. Hij moet zijn opvolgers voorbereiden, niet monddood maken. Een zwakke of afwezige vader daarentegen laat zijn kinderen zwemmen in chaos, zodat ze niet leren waar hun grenzen liggen en geen discipline ontwikkelen.

V. De Hogepriester

De naam van de kaart is niet in alle versies van de tarot dezelfde. In de oudere spellen heet hij 'de Paus', Waite noemt hem 'de Hiërophant' en ik geef de voorkeur aan de meer algemene term 'de Hogepriester'. De essentie is in ieder geval dat we te doen hebben met iemand, die een hoog geestelijk ambt bekleedt. En omdat de tarot niet gebonden is aan één religie, zouden we hier in principe ook een islamitische imam of een boeddhistische lama kunnen aantreffen. Vul je eigen goeroe of inspirerend geestelijk voorbeeld maar in.

Na de Keizer, die de wereldse aangelegenheden bestuurt, hebben we nu te maken met een religieus of spiritueel leider, die zich niet bezighoudt met de uiterlijke vorm (getal vier), maar met de diepere zin en betekenis van het leven (getal vijf). De Hogepriester is de levende verbinding tussen de mensen en het goddelijke. Hij is de leraar, die uitleg geeft over de grote vragen van het leven: wie zijn wij, waar komen wij vandaan, waarom zijn we hier en wat hebben we te doen, waar gaan we heen, wat is de zin van dit alles? Hij voert vanuit een speciaal soort hogere bevoegdheid handelingen uit, die alleen aan de ingewijden zijn voorbehouden. Hij zegent, geneest, predikt en voert magische rituelen uit alsof hij direct God zelf vertegenwoordigt.

Vroeger was dit allemaal veel vanzelfsprekender dan nu. De traditionele rollen van de religieuze autoriteiten stonden minder ter discussie en de dogma's waren nog echte vaststaande waarheden, waar men zonder meer in geloofde. De religie van de ouders werd door de kinderen tamelijk vanzelfsprekend overgenomen. Maar nu zijn die oude zekerheden niet zo vanzelfsprekend meer. Men kijkt er niet meer van op als een goede katholiek aan yoga doet of deelneemt aan een shamanistisch ritueel. Veel oude symbolen van macht en autoriteit verliezen hun kracht.

Het is bij deze kaart bijzonder lastig om 'vorm' en 'inhoud' uit elkaar te houden. Het dragen van een priesterlijk gewaad maakt iemand nog geen priester. Het gebruik van mooie woorden maakt iemand nog geen heilige. 'Hogepriesters' leven zelden consequent wat ze prediken: verliezen ze dan hun recht van spreken? Sommigen hebben een groot charisma: is dat de goddelijke inspiratie die door hen werkt of zijn het simpelweg goede toneelspelers, die weten hoe ze indruk kunnen maken?

De grote religies van de wereld hebben altijd een onderscheid gekend tussen de 'exoterische' ('exo' is 'buiten') leer voor de leken en de 'esoterische' ('eso' is 'binnen') leer voor de ingewijden. Op de kaart verwijzen de twee sleutels naar deze twee aspecten van het werk van de Hogepriester. Is dat onderscheid in deze tijd nog relevant?

We leven in een tijd dat we op onszelf terugvallen bij de beantwoording van deze vragen. Ook de dominees en de priesters zien steeds meer in, dat ze niet op alle vragen een antwoord hoeven te hebben, dat ze zelf ook mogen twijfelen en hun 'tekortkomingen' hebben. En zo is het goed want ze worden weer wat ze altijd al waren: gewone, geïnspireerde mensen met een overtuiging.

Het aloude niveauverschil tussen de ingewijde en de leek wordt steeds minder relevant. Het gaat erom dat je je eigen waarheid vindt, je eigen verbinding met je goddelijkheid. De Hogepriesters in de wereld kunnen je daarbij de weg wijzen, maar wat je kiest is je eigen verantwoordelijkheid.

De Hogepriester staat in algemene zin voor de overtuigingen, de normen en waarden van de cultuur waarin we opgroeien. Die nestelen zich in ons als een soort 'geweten', dat onze gedachten en daden beoordeelt. Het zijn de stemmen van de ouders, de onderwijzers, de dominees en de priesters, die ons vertellen wat goed en kwaad is. Het kunnen vriendelijke stemmen zijn die ons bemoedigen, maar ook bestraffende stemmen die ons veroordelen.

De discipelen op de kaart zijn kaalgeschoren en dragen een uniform gewaad. Het kaalscheren is symbolisch voor het opgeven van de oude identiteit. Op zijn best betekent het dat de discipelen in hogere zin 'geroepen' zijn, zoals de discipelen van Jezus, die alles wat hen bond aan hun familie en de wereld, achter zich lieten. Dan is het een overstijging van de wereldse identiteit van de Keizer en een afstemming op een hogere roeping. Maar het opgeven van je oude identiteit kan ook een vlucht zijn voor verantwoordelijkheid. Als je verdwaald bent en vervreemd van je eigen waarheid, vorm je een gemakkelijke en misschien zelfs een gewillige prooi voor iemand, die alle antwoorden lijkt te hebben. Maar meestal zijn het niet de antwoorden, die ons redden, maar het 'leven van de vraag'. Laat de vraag de vraag zijn en luister naar wat het leven je zegt, luister naar je diepste innerlijke stem. Dan zul je in staat zijn om onderscheid te maken tussen de Hogepriesters in je leven, die je trachten te overtuigen van hun waarheid.

Dit is een kaart vol dubbelzinnigheden. De normen en de waarden, waarmee we zijn opgevoed, brengen ons in positieve zin 'beschaving' bij. Maar volwassen worden, je eigen waarheid vinden, is een proces waarin alles wat je hebt meegekregen opnieuw en zelfstandig op haar waarde geschat moet worden. Het maakt niet wezenlijk uit of je de overtuigingen van je ouders, je religie of je cultuur onderschrijft of niet. Het gaat om de kwaliteit van het proces: hoe diep doorleef je het, in welke mate maak je het je eigen? Door dit verwerkingsproces vind je tenslotte je eigen waarheid en dat maakt jou dan weer tot Hogepriester. Want je bent niet alleen maar een onwetende discipel, die anderen nodig heeft om tot de waarheid te komen. De reeks van de Grote Arcana begon met de Zot en Magiër, die lieten zien dat we kinderen van God zijn en zelfstandige scheppers. Als dat contact er nog is en niet overwoekerd door een uiterlijke laag van 'aangebrachte beschaving', zijn we geïnspireerde wezens met een boodschap en een missie. Dat maakt zelfs de kern van ons wezen uit. De beste boodschap aan de wereld geven we dus als we heel kernachtig zijn wie we zijn. En de beste goeroes in de wereld zijn degenen die ons inspireren doordat ze zijn wie ze zijn en in wie we onszelf herkennen.

De Hogepriester bevat vele valkuilen. Hij instrueert niet alleen, hij normeert ook en wie normeert, oordeelt. Pas op met je oordeel, want zoals Jezus zei: 'met de maat waarmede gij meet, zult gij gemeten worden.' Hogepriesters zegenen en genezen, maar ze kunnen ook vervloeken en buitensluiten. Zo zijn er mensen op de brandstapel verbrand en werden er gruwelijke oorlogen gevoerd omdat de één zijn waarheid als hoger schatte dan die van de ander.

We kunnen ons danig vergissen in de uiterlijke vormen van de Hogepriesters, die indrukwekkend kunnen zijn of gebouwd op eeuwenoude tradities. Maar pas op met tradities en organisaties. Het is een bekend verschijnsel dat de zuivere leer van een groot mens door zijn volgelingen al snel wordt vervormd tot dogma's, een rigide organisatie en strakke regels, die niets met de oorspronkelijke boodschap te maken hebben en die zelfs verduisteren.

Laat je geen waarheid opdringen, die je niet zelf herkent als 'waar'. Maar wees op elk moment bereid om jouw kleine waarheid los te laten als je een grotere tegenkomt. Wees toegewijd aan dat waar je in gelooft, maar hou er rekening mee dat jouw geloof nog altijd bestaat uit een beperkt begrip van wat er werkelijk is en wie je werkelijk bent. Zeg je eigen waarheid zonder schroom, want het is je goddelijk recht om dat te doen, maar dring je waarheid niet op. Zie elk wezen als een unieke expressie van goddelijke waarheid en deel je inspiratie. Want in de kern zijn we allemaal zowel de Hogepriester als de discipel.

VI. De Geliefden

De afdaling, die de Zot begon, zet zich voort. Van de Keizerin, zijn moeder, kreeg hij een lichaam. Van de Keizer, zijn vader, kreeg hij een taak en een identiteit in de wereld. De Hogepriester gaf hem de normen en waarden van zijn cultuur mee. Deze drie kaarten staan samen voor alles wat we onze kinderen tijdens het opgroeien meegeven.
Bij de Geliefden zien we twee adolescenten, die liefde voor elkaar opvatten. Ze zullen hun ouderlijk huis verlaten en samen een nieuw gezin stichten. Het is een moment van vrijheid, want nu begint hun eigen, zelfstandige leven. Het is ook een moment van keuze, want nu zal duidelijk worden door welke motieven ze zich laten leiden. In oudere versies van de tarot staat een man tussen twee vrouwen en de vraag is welke van de twee hij kiest. Een cupidootje (kind-engeltje) richt zijn pijlen. Ook in de versie van Waite zien we een engel, die een zegenend gebaar maakt. De aanwezigheid van engelen duidt er op dat bij de keuze voor de geliefde 'hemelse' factoren een rol spelen. We kennen deze ervaring natuurlijk als verliefdheid, maar het kan ook zijn dat je een nieuwe hobby ontdekt, die je zó vervult, dat je je baan opzegt om je hartsverlangen te volgen. Waar het om gaat is, dat er vanuit de diepten van de ziel impulsen oprijzen, die je vertellen wat je diepste verlangens zijn en je grootste inspiraties.
Verliefdheid is een mysterie. Het overkomt je plotseling en het lijkt of je in één klap naar een andere wereld wordt getransporteerd. Je kent jezelf haast niet meer terug. Het beeld van je geliefde is voortdurend bij je. Er is verwarring, want dit is een kracht in jezelf, die je nog niet kende. Je kunt verbaasd staan van jezelf: door wat je doet, voelt en denkt. Er is een soort van extase, die maakt dat alles anders is. Je lichaam is klaarwakker en overgevoelig. De vreugde kan groot zijn, maar ook de pijn, de angst, de kwetsbaarheid, de verlegenheid. Je verlangt soms terug naar de 'normale' toestand, waarin je weer weet wie je bent en wat je plek is in de wereld. Want de roep van de liefde zet niet zelden je hele sociale identiteit, je normen en waarden, je zekerheden op zijn kop.
Kortom, je bent naakt en kwetsbaar. Je wereldse identiteit (kleding) doet er niet toe. Je geliefde, of de engel die dit alles inspireert, maakt iets in je wakker wat 'niet van deze wereld' is. Op subtiele wijze verwijst deze kaart terug naar de Magiër en de Hogepriesteres, die elkaar nu in het volle bewustzijn en in een lichaam ontmoeten. De hemel komt op aarde en belooft nieuw leven en vruchtbaarheid. De man (de Magiër, het bewuste ego) kijkt naar de vrouw (de Hogepriesteres, het onbewuste, de ziel) en de vrouw kijkt naar de engel (de geest). Je bewuste ik laat zich inspireren door wat je ziel je laat zien. Hierdoor vind je een zinvol doel in je leven en de sleutel naar geluk. Maar je kunt de stem van je ziel alleen maar horen als je luistert en bereid bent om te volgen. Als je naakt en kwetsbaar durft te zijn en wilt weten wat je ten diepste inspireert en wat je grootste hartsverlangens zijn.
De Zot begon met zijn indaling in de materie en trad daarmee de vergetelheid in. Hij heeft een

identiteit gekregen (kleren), maar is vergeten waar hij vandaan komt, wie hij werkelijk is en waarom hij is waar hij is. Hij is zelfstandig geworden en maakt nu zijn eigen keuzes, maar daarmee staat hij nu ook moederziel alleen. Toch blijft de engel bij hem en zegent hem. Hij inspireert, stuurt dromen en tekenen, zelfs de levende belichaming van wat hij zoekt.

Op de kaart herkennen we ook het paradijsverhaal. Achter de man, Adam, zien we de 'boom des levens' met haar vlammende bladeren. Achter de vrouw, Eva, zien we de 'boom van kennis van goed en kwaad', compleet met de appels en de slang. In het paradijsverhaal, althans in de gangbare christelijke versie ervan, wordt verteld dat God Adam en Eva verbood om te eten van de boom van kennis van goed en kwaad. De duivel in de gedaante van de slang verleidde Eva echter met de belofte dat het eten van de vruchten haar gelijk zou maken aan God en haar onsterfelijkheid zou brengen. Eva gaf toe en verleidde ook Adam om van de vruchten te eten. Daarop werd God boos en verbande hen uit het paradijs.

Deze versie is de legitimatie geworden voor een eeuwenlange onderdrukking van de vrouw en het vrouwelijke. De vrouw met haar verleidelijke lichamelijkheid zou de man afhouden van zijn hogere geestelijke roeping. En de vrouw stond weer voor de aarde en de materie met haar verleidelijke vruchten, waar men zich van moest onthechten. Het paradijsverhaal is bekend geworden als een smartelijk verhaal van hoe het 'mis' ging. Hoe de mens koos voor de aarde en God vergat: de zondeval. Maar hier zien we een stralende engel, die het hele gebeuren zegent! De liefde tussen man en vrouw wordt niet afgebeeld als zondig, maar juist als een mogelijkheid tot hereniging!

In de esoterische versie van het paradijsverhaal is de keuze van Adam en Eva om van de boom te eten een teken van zelfstandigheid. Het verlaten van het paradijs is als het verlaten van het ouderlijk huis om een eigen leven te beginnen. Het is niet het einde van een verhaal, maar een begin. De afdaling van de Zot is voltooid en de opstijging begint.

Het thema van 'scheiding en vereniging' loopt bij deze kaart als een rode draad door alles heen. Scheiding in de zin van eenzaamheid, er alleen voor staan, het besef van diepe onvervulde verlangens. Vereniging in de zin van contact met je ziel, je geliefde, een gevoel van diepe verbondenheid. Al die gevoelens komen uit dezelfde bron. Het is het hart dat spreekt, het geluk dat roept. Hier vind je een leidraad voor je leven. De boodschap zal niet altijd even duidelijk zijn. Het hart spreekt zelden dezelfde taal als het verstand. We kunnen ons vergissen door te projecteren: dan zien we in onze geliefde wat we graag willen zien en niet wat er werkelijk is en teleurstelling zal het gevolg zijn. We moeten kunnen luisteren naar de stem van het hart, die zo gauw wordt bedolven onder andere stemmen in onszelf. Het bewuste ik moet zich kunnen laten leiden en vertrouwen hebben, want zekerheid vooraf wordt hier niet gegeven. Het vraagt veel moed om zo kwetsbaar en naakt te durven zijn en te voelen wat je ten diepste beweegt. Maar als je niet echt durft te kijken en te voelen, hoe kun je dan verwachten dat het geluk je ten deel zal vallen? Je zou het niet eens opmerken, al was het er, vlak voor je neus.

VII. De Zegewagen

De man op de Zegewagen heeft zojuist de stad achter zich gelaten en is een rivier overgestoken. De stad staat voor zijn bekende wereld: denk aan de reeks van de Keizerin, de Keizer en de Hogepriester, waarin je meekrijgt wat jouw ouders en jouw cultuur je te bieden hebben. Bij de Geliefden werd er een individuele keuze gemaakt en hier zien we de consequentie daarvan. Vanaf nu is het je eigen, unieke weg, die je gaat vanuit je eigen keuzes. Het oversteken van een rivier is een symbool voor een belangrijke overgang in je leven. Het bekende laat je achter je en je waagt de sprong naar het onbekende.

De man op de Zegewagen heeft alles bij zich wat hij nodig heeft. De stralende ster op zijn voorhoofd en de sterren op de baldakijn boven hem wijzen op zijn hemelse identiteit. De vier pilaren, waar de baldakijn op rust, staan voor de vier elementen. Naar beneden toe is zijn onderlichaam zo te zien vergroeid met de wagen. De vierkante vorm ervan doet denken aan de troon van de Keizer.

We zien weer een nieuwe gedaante van de Magiër. In wezen is hij nog altijd de microkosmos: mens, kind van God, en geschapen naar 'zijn beeld en gelijkenis'. In die zin is hij onoverwinnelijk en staat 'de zege' bij voorbaat vast. Maar inmiddels draagt hij wèl het stempel van zijn afkomst. Wat hij meeneemt uit de stad zijn de verworvenheden van zijn vooorouders en zijn cultuur, die hem kunnen ondersteunen op zijn weg, maar hij neemt ook de beperkingen van die cultuur met zich mee en die kunnen wel eens een blok aan zijn been blijken te zijn. Hij heeft zijn unieke persoonlijke kenmerken, die zowel zijn talenten als zijn gebreken uitmaken. Vanuit die specifieke persoonlijke 'kleur', je 'specialisme', zijn jouw ervaringen exclusief de jouwe en leef je je eigen lot. Dat werkt door tot in wat je in je leven aantrekt.

Het is opvallend dat de naam van de kaart de wagen betreft en niet de koetsier. We zagen al hoe hij vergroeide met zijn wagen. Verder heeft hij geen teugels om de sfinxen te mennen. Je mag ook al niet veronderstellen, dat de witte en de zwarte sfinx braaf dezelfde kant op willen. Als de sfinxen staan voor de energie, die de kar voortbeweegt, zijn het de motivaties van de koetsier. De witte sfinx staat dan voor zijn bewuste, 'goede' bedoelingen. De zwarte sfinx staat voor zijn onbewuste motieven, die niet noodzakelijkerwijs slecht zijn, maar wèl voor een hoop moeilijkheden kunnen zorgen. Wat hij aan wensen, verlangens, plannen en motieven uitzendt, trekt hij aan, ook als dat onbewust is. Zelfs datgene waar we bang voor zijn en wat we trachten te vermijden, trekken we aan, juist omdat het toch steeds in onze aandacht is.

Vóór op de Zegewagen staat een yoni-lingam symbool, dat verwijst naar de vereniging van het mannelijke en het vrouwelijke. Denk hierbij aan de vorige kaart, de Geliefden: hoe goed heb je geluisterd naar de stem van je (vrouwelijke) ziel? Ken je je motivaties? Weet je wat je echt wilt?

De man op de Zegewagen is nog jong. Hij heeft nog maar pas zijn belangrijkste keuzes gemaakt en zijn avontuur ligt nog grotendeels vóór zich. Hoe succesrijk hij ook (niet) mag zijn, het is zeker dat zijn weg uniek is. Zijn leven is als een experiment, dat nog niet eerder werd gedaan. Jij bent zo'n experiment! Je bent een speerpunt van de evolutie. Wat je leert en ontdekt, zelfs als het mislukt, is van objectieve waarde voor de mensheid en de evolutie. Daarom is succes en falen hier een relatieve kwestie. In termen van de doelen, die je jezelf hebt gesteld, kun je falen. Maar misschien leer je juist daardoor iets wat van nog grotere waarde is. Kijk eens terug op je 'mislukkingen' en vraag je af wat je ervan geleerd hebt. Meestal blijkt pas achteraf de waarde ervan. De wil van de persoonlijkheid, het ego, is weliswaar vrij, maar niet noodzakelijk het verlengstuk van je diepste zielewensen. Juist de nederlaag van het ego is soms nodig om de weg vrij te maken voor de motivaties van de ziel. Daarom is het avontuur van de Zegewagen niet alleen een verhaal van de gebeurtenissen in je leven, maar zeker ook van je innerlijke reis, die naar jezelf en je eigen mysteries voert.

Wees niet bang om te falen. Ga je weg niet om het resultaat alleen, maar vanwege de kwaliteit van de ervaringen die op je liggen te wachten. De weg is belangrijker dan het doel. De kwaliteit van leren, ervaren en bewustwording is belangrijker dan succes of falen. En vanuit het oogpunt van de evolutie is het heel belangrijk, dat andere wezens leren van jouw ervaringen. Jouw mislukking kan de weg banen voor het succes van je opvolgers.

We zijn niet allemaal zulke helden dat we naar de maan reizen of de Mount Everest beklimmen. Misschien ben je wel de anti-held, die zich steeds laat leiden door angst en zich liever houdt aan het bekende. Misschien durf je geen eigen keuzes te maken en doe je wat anderen van je verlangen. Dan zullen je lotgevallen misschien niet spectaculair zijn en je prestaties komen niet in het Guiness Book of Records. Toch maakt jou dat niet minder uniek of minder waard. Want kiezen doe je toch, al doe je het niet. Niet kiezen is óók kiezen. Als je een ander de keuze laat, doe je in feite een experiment, waardoor je kunt ervaren hoe het is om een ander de leiding te geven in je leven. Je zou kunnen denken dat de ander je dwingt, maar dat is niet de hele waarheid. Het is jouw keuze om je te laten dwingen en in die keuze ben je nog altijd vrij. Want je bent niet aan het oefenen om een meester te worden. Je bent een meester die oefent.

VIII. De Gerechtigheid

Wie uitsluitend met de tarot van Waite werkt, kan hier in verwarring raken, want Waite plaatst de Kracht hier als nummer VIII, terwijl de Gerechtigheid het nummer XI krijgt. Waarschijnlijk om astrologische redenen heeft Waite deze twee kaarten omgewisseld. Ik houd me echter liever aan de traditionele volgorde, die mij numerologisch juister lijkt.
Bij de bespreking van de getallen (H.3.1.) kwam het getal acht naar voren als een getal van orde en wetmatigheden. Na het getal zeven, dat het puur persoonlijke benadrukt en dus het subjectieve, vraagt het getal acht om objectiviteit. Het persoonlijke wordt hier overstegen en in een breder kader geplaatst. De vorige kaarten, de Geliefden en de Zegewagen, lieten ons zien dat we vrijheid van keuze hebben. Daar valt niets op af te dingen, maar het is tevens een feit dat we geen eilandjes zijn. Wat we doen heeft gevolgen. Elke wens, elke gedachte, elke keuze, elke daad is een werkzame energie, die aantrekt en afstoot, schept en vernietigt. De Gerechtigheid gaat over deze wetten van actie en reactie, oorzaak en gevolg.

Het beeld van de kaart is natuurlijk bekend van de rechtbanken als Vrouwe Justitia. Meestal wordt ze afgebeeld met een blinddoek om aan te geven, dat er recht gesproken wordt 'zonder aanzien des persoons', wat betekent dat de wet voor iedereen geldt. De strafmaat is objectief vastgelegd. De weegschaal is het instrument waarmee 'gewogen' wordt. De feiten worden objectief onderzocht, waarna de uitspraak volgt, gesymboliseerd door het zwaard dat oordeelt en zo nodig straft. Op de kaart zien we Vrouwe Justitia echter zonder blinddoek, waarmee aangegeven is, dat het hier niet gaat om een 'blinde' regel, die zonder meer wordt toegepast, maar om inzicht.
Er is hier geen sprake van één of andere wrekende instantie en er is ook geen reden om je schuldig te voelen over iets wat je zelf niet begrijpt. Het gaat niet over de menselijke wetten, die beperkt en tijdgebonden zijn, maar over 'kosmische' wetten, die objectief en rechtvaardig zijn. Het begrip van hoe het werkt, kan je helpen om zowel jezelf als de wereld objectief, zonder waardeoordeel, te zien. Het gaat er niet om dat je 'goed' of 'slecht' bent en ook de wereld is niet 'goed' of 'slecht'. Oordelen getuigen zelden van een goed begrip. Meestal oordelen we als we niet verder willen kijken.
De kaart roept soms schrikreacties op, alsof je elk ogenblik genadeloos gestraft kunt worden door een wrekende Nemesis, of dat je ergens vreselijk schuldig aan bent, maar niet goed weet waaraan. Maar stel je oordeel (of het oordeel dat je van buiten verwacht) even uit en kijk. In de eerste plaats naar jezelf.

Stel dat je het heel belangrijk vindt dat je waardering krijgt voor je werk. Hoe groter die behoefte is, hoe meer bevestiging je nodig zult hebben. Dan is de kans óók vrij groot, dat je teleurgesteld raakt. In je teleurstelling zul je redenen hebben om te klagen over je baas, je salaris, de bedrijfscultuur en wat al niet meer. De buitenwereld zal steeds 'bewijzen' dat je niet genoeg waardering krijgt. Dan kun je je gaan afvragen wat er mis is met de wereld dat mensen als jij zo weinig gezien worden voor wat ze waard zijn. Je zult jezelf herkennen in anderen die zich eveneens miskend voelen. En de conclusie is misschien: de wereld is hard en heeft geen plaats voor mensen zoals ik. Dat klinkt als een objectieve constatering, die misschien nog wel te bewijzen valt ook en dan is de cirkel rond. Althans zo lijkt het. Maar ga eens terug naar jezelf. Alles begint met jouw behoefte aan waardering. Als die er niet was, zou je probleem helemaal niet bestaan en je zou je niet druk maken over de wereld, die jou zo'n zwaar lot heeft toebedeeld. Onderzoek dus allereerst je eigen behoefte. Wat voor soort waardering is het belangrijkste voor je? Niet zelden nemen we genoegen met surrogaten voor wat we echt nodig hebben: de hoogte van het salaris moet dan bijvoorbeeld het gebrek aan persoonlijke vervulling compenseren. Vraag je eens af hoe het zou zijn als je wensen uitkwamen, met alle consequenties van dien. Ben je dan echt gelukkig?

Je kunt je eindeloos bezighouden met de waardering die anderen je wel of niet geven, maar hoe zit het met de waardering voor jezelf? Kun je jezelf datgene geven wat je bij anderen zoekt? Door zo'n zelfonderzoek leer je je behoeften beter kennen, dus je prioriteiten worden duidelijk, waardoor je gerichte vragen kunt stellen om wat je nodig hebt. En wonder boven wonder: de wereld gaat anders reageren. En je zogenaamde objectieve ideeën over hoe de wereld in elkaar zit, zijn onmiddellijk aan herziening toe.

De pilaren zijn grijs, de kleur van de wijsheid, die het midden gevonden heeft, de synthese van de tegenstellingen. Tussen de pilaren hangt een kleed, dat de diepere geheimen van de kaart verborgen houdt. Dat betekent niet dat het volle inzicht onmogelijk is, maar wèl dat de weg erheen geen simpele, rechtlijnige weg is. We leren van de gevolgen van onze daden. Dat lijkt misschien een harde wet, maar ik denk niet dat die er is om ons te straffen. Als we bereid zijn om te leren van wat ons 'overkomt', is het een weg naar inzicht, naar binnen en naar buiten. Als je de wetten begrijpt, gaan ze vóór je werken. Dus toont deze kaart de weg naar meesterschap en is de uiteindelijke waarheid bevrijdend. In de kaarten die volgen, zal dit stap voor stap duidelijk worden.

IX. De Kluizenaar

Bij het getal negen is de cirkel weer rond. De voorgaande cyclus wordt samengevat, de oogst binnengehaald. Als we kijken naar de 'negens' van de Kleine Arcana, valt daar de volheid op van wat er allemaal tegelijk speelt. Vergeleken met die drukke kaarten is de stille soberheid van de Kluizenaar eigenlijk heel verrassend. Het is niet veel wat hij bij zich heeft en de omgeving waarin hij verkeert, is niet de drukte en de volheid van het aardse gewoel, maar de besneeuwde bergen, die dicht bij de hemel zijn. Hij verkeert weer in de contreien waar de Zot vandaan kwam. Het verschil tussen die twee is, dat de Zot weet, maar niet weet dat hij weet, terwijl de Kluizenaar weet dat hij niet weet. De kap op zijn hoofd staat hem slechts toe om datgene te zien, wat vlak vóór hem is. Zijn staf, zijn wil, is helemaal geconcentreerd op één punt: zijn volgende stap. Hij leeft helemaal in het hier-en-nu en gaat, zoals de I Tjing het zo mooi zegt, 'met zijn gedachten niet buiten zijn situatie'.

De Zot is onschuldig, want hij heeft nog niets ervaren. De Kluizenaar is oud en heeft een lange baard, symbool van de wijsheid die door ervaring komt. Zijn kleed is grijs, wat betekent dat hij de dualiteit van licht en donker overstegen is. Kennelijk heeft hij zich ook losgemaakt van alle aardse bindingen, gezien zijn naam en de plaats, waar hij verkeert. Daardoor is er niets dat hem nog afleidt van de essentie. Zijn oogst bestaat niet uit wat hij aan aardse goederen en prestaties heeft verzameld, maar uit de ervaring die hij heeft opgedaan en de wijsheid, die hij daar uit destilleert.

Veel mensen associëren deze kaart met eenzaamheid, wat begrijpelijk is, maar de diepere betekenis van deze kaart is juist het herstel van de verbondenheid tussen hemel en aarde. De kluizenaar voelt zich niet eenzaam, maar één-samen: niet alleen, maar al-één. Het licht in zijn lantaarn heeft de vorm van een zeshoek, symbool van de harmonie tussen hemel en aarde, geest en lichaam. Het gaat er bij deze kaart ook niet om dat je nu meteen in de Himalaya moet gaan zitten mediteren. Het gaat om een innerlijke gerichtheid, die er óók kan zijn of juist kan zijn temidden van de drukte van het leven. Je niet laten afleiden, op de essentie gericht blijven, afgestemd zijn op innerlijke waarheid en licht.

Heel bekend is de visualisatie, waarin je een berg beklimt. Je laat je leven met alle zorgen en drukte achter je, waardoor ze kleiner en relatiever worden naarmate je hoger klimt en je gezichtsveld ruimer wordt. Bovenop de berg kun je je voorstellen dat je een tempel (of iets dergelijks) bezoekt, waar ook een oude wijze is, die je raad geeft. Je stemt je af op de hoogste bronnen van wijsheid en licht in het besef dat je met je persoonlijkheid begrensd bent in het kennen van de waarheid. De gang van de Kluizenaar is eigenlijk een gebed, waarin hij toegeeft dat hij niet weet en tegelijk vertrouwt dat wat hij niet weet, hem geopenbaard zal worden. Daarom heeft hij zijn volle aandacht in het hier-en-nu. Dit is geen zwever, die zich van de wereld afkeert, maar iemand die de wereld helemaal kan laten zijn zoals die is. Hij heeft ook niet met geweld delen van zichzelf afgesplitst of ontkend, want juist doordat hij is afgestemd op de kern kunnen alle delen van zijn persoonlijkheid gezien en gewaardeerd worden voor wat ze zijn. Hij is dus met zijn hele zijn aanwezig!

Je zou kunnen denken, dat bij deze kaart een houding van plechtige afstandelijkheid hoort, maar ik denk dat je het beter kunt zoeken in een soort van volstrekte eenvoud, waarin je niets meer hoeft op te houden of te vermijden. Alles is goed zoals het is. Dat geeft een besef van innerlijke vrijheid, terwijl je tegelijkertijd toch uiterlijk gebonden kunt zijn. Een zen-spreekwoord zegt: 'Vóór de verlichting bestaat het leven uit houthakken en water dragen. Ná de verlichting bestaat het leven uit houthakken en water dragen.'

De Kluizenaar is geen zoeker, maar een vinder. Hij heeft geen doel: de weg is zijn doel en hij vertrouwt dat de richting waarin hij gaat, hem al doende duidelijk zal worden.

De negatieve kanten van de kaart komen, zoals gewoonlijk, voort uit ofwel overdrijving ofwel vermijding. Als je het overdrijft, kan er sprake zijn van een schijn-onthechting, zelfs van een vlucht voor de beslommeringen van het leven. Dan vergeet je, dat de Kluizenaar in feite méér aandacht heeft voor wat er op zijn pad komt dan wie dan ook. Vermijding kan voortkomen uit gehechtheid aan dingen, mensen, ideeën, houdingen, etc., of uit angst voor eenzaamheid. Dan heb je de ware vrijheid van de Kluizenaar - van jezelf dus - nog niet geproefd.

X. Het Rad van Fortuin

In de hermetische geschriften werd de 'kosmos' beschreven als de zichtbare manifestatie van de geest (zie H.2.2). Het Rad van Fortuin geeft een schematisch beeld van die gemanifesteerde kosmos. Centraal staat natuurlijk het rad in het midden. Aan de buitenkant van het rad zien we drie dieren: een sfinx, een slang en een jakhals. Samen beelden ze het leven uit als een cyclisch gebeuren. De slang, die omlaag kronkelt, verbeeldt de 'in-volutie': de geest daalt af in de materie. Wezens worden geboren, de dingen krijgen vorm. De slang staat ook voor begeerte, verlangen en dat is de drijvende kracht: de wens van de geest om zich te manifesteren. Tijdens de neerwaartse beweging van het rad wordt de materie bezield en realiseert de impuls, die uit de geest afkomstig is, haar zelfstandigheid en haar eigen unieke vorm. Van onderaf begint de opstijging weer, gesymboliseerd door de jakhals. Dit is de Egyptische god Anubis, die de ziel begeleidde na de dood. Een passend beeld op deze plaats: de opstijging is het afsterven van de gemanifesteerde vorm, waardoor de geestelijke essentie weer vrij kan komen. Bovenaan het wiel staat de sfinx die, anders dan de slang en de jakhals, niet gebonden is aan het wiel en die de mysterieuze fase vertegenwoordigt tussen de dood en een nieuwe geboorte. Het zwaard dat hij vasthoudt, staat voor inzicht en oordeel. Hier wordt de voorbije cyclus geëvalueerd en de nieuwe geboorte voorbereid. Dat is een bewust proces, waardoor de hele cyclus het karakter krijgt van een 'leerervaring'.

De cyclus van het leven, zoals hierboven beschreven, is relevant op elk niveau van bestaan. Je kunt er de kosmische cycli in aflezen, maar ook een beeld van de menselijke levensloop. Je kunt er de geschiedenis van hele beschavingen in zien, maar ook het verhaal van een project dat je onderneemt. In de praktijk van het werken met de tarot, zal het laatste meestal het relevante niveau zijn. Het Rad van Fortuin verschijnt vaak op het moment dat er een nieuwe levensfase begint. Het is dan van belang om je levensloop breed te bekijken. Wat heb je tot nu toe gedaan, wat heb je daarvan geleerd? Welke wensen en verlangens heb je nu? Wat wil je ermee gaan doen? Waar liggen je kansen om een nieuwe, zinvolle start te maken?

In de buitenste cirkel van het rad herkennen vinden we de vier Hebreeuwse letters JHVH: de naam van God, Jahwè of Jehova, waarmee gezegd is, dat God zelf zich manifesteert in de kosmos. De andere vier letters, T, O, R en A, zijn hier heel opmerkelijk, omdat in deze kaart de tarot zelf wordt gedefinieerd. Als we de letters linksom lezen volgens de lijn van de levenscyclus, staat er TORA: wet. Dat betekent dat het leven zich volgens vaste wetten ontvouwt. Maar als we de letters in tegengestelde richting lezen, staat er TAROT. Daarin schuilt een diepe waarheid. Als we, als dieren, de natuurlijke wetten van het leven volgen, zijn we gebonden op het rad en onderhevig aan de kosmische wetten. De tegengestelde richting is die van 'bewustzijn', 'inzicht'. Daarmee presenteert de tarot zichzelf als een weg tot inzicht en vrijheid ten opzichte van de wet.

Zonder bewustzijn is de cyclus van het leven een eeuwigdurende herhaling. Maar doordat we leren van onze ervaringen, is het geen cirkel meer, maar een spiraal. Elke nieuwe levenscyclus bevat alles van alle voorgaande cycli plus (een zekere mate van) inzicht. Vanuit deze manier van kijken kun je zeggen dat het er niet zozeer om gaat 'wat' we meemaken, maar 'hoe'. Het 'hoe' is een vraag naar kwaliteit. Dus als je deze kaart tegenkomt op een moment dat je nieuwe dingen wilt beginnen, sta dan stil bij de kwaliteit ervan. Wordt de nieuwe cyclus een onbewuste herhaling van de vorige of lukt het je om met je verkregen inzicht de volgende cyclus op een hoger plan te tillen?

In de binnenste cirkel van het rad staan vier alchemistische symbolen. Het zijn de tekens voor kwik (boven), zout (links), water, oplossing (onder) en zwavel (rechts). Doel van de alchemie was om het 'levenselixer' te bereiden. Omdat de kosmos de manifestatie van het goddelijke is, geloofde men dat alle materie 'bezield' is met een goddelijke essentie. Het 'levenselixer' ís die bevrijde, goddelijke essentie.

In de hoeken van de kaart vinden we de vier elementen in hun astrologische gedaante: leeuw (vuur), stier (aarde), adelaar (de getransformeerde schorpioen: water) en de engel (waterman: lucht). Hun boek is geopend, wat wil zeggen, dat de kosmos zich manifesteert via de vier elementen en dus duidelijk 'leesbaar' is. Het leven zoals het zich ontvouwt, maakt alles zichtbaar voor wie er oog voor heeft.

Je kunt het rad óók zien als een mandala. De buitenkant van het wiel bestaat dan uit de veelheid aan materiële vormen en afzonderlijke wezens. Naar binnen toe bewegen we in de richting van de bron, de essentie. Dat idee is belangrijk, want het is de weg, die de tarot ons schildert. We worden vrij ten opzichte van de kosmische wetten door ze te begrijpen. We bevrijden ons van de eeuwige cyclus van geboorte en dood door inzicht in de krachten die het geheel in beweging houden. Hier zien we de Magiër (óók getal één) weer terug. Hij heeft potentieel alle mogelijkheden om te creëren wat hij wenst. De vier elementen staan tot zijn beschikking. Het hangt af van zijn inzicht in hoeverre hij in zijn eigen scheppingen gevangen raakt. Als hij zich gaat identificeren met zijn lichaam, zijn persoonlijkheid of zijn prestaties, zal hij gebonden zijn aan het rad en zijn vrijheid verliezen. We hebben gezien hoe de Kluizenaar zich tenslotte weer losmaakte van zijn aardse bindingen en de essentie terugvond. Vanuit zijn verworven inzichten is een nieuwe, zinvolle cyclus mogelijk.

Je zou kunnen denken dat de 'leer' van de tarot slechts onthechting predikt en ontsnapping aan het rad van geboorte en dood. Je verbinden met je lichaam en het leven dat je leeft zou dan slechts een teken zijn van onbewustheid en slaafse onderworpenheid aan de kosmische wetten. Maar dat is niet zo. We zijn Magiërs. We zijn hier om actie te ondernemen, te ervaren, onze scheppende krachten te oefenen. De kosmische wetten zijn onze tegenstander niet als we ze begrijpen. Het kennen van de wetten leidt tot inzicht in hoe we ons glorieus kunnen manifesteren in wie we zijn en wat we doen. Dan is het fysieke bestaan in een lichaam niet een gevangenschap, maar een actieve deelname in het scheppingsproces. En de aarde is geen strafkolonie voor gevallen zielen, maar de ideale plek om onze hoogste inspiraties te realiseren. Het paradijs is geen nostalgisch verleden maar een reële mogelijkheid in het hier-en-nu. Hetzelfde geldt voor de ideale toekomst die we vaak pas na de dood in de één of andere hemel projecteren. Wat we ons kunnen voorstellen, kunnen we realiseren. Zo werkt de geest: eerst is er de gedachte, later volgt de concrete vorm. De tarot presenteert zichzelf als een soort handleiding om de hemel op aarde te brengen.

Met het Rad van Fortuin begint een nieuwe cyclus. De kaarten die volgen, gaan over onze wederwaardigheden tijdens het leven op het rad: op deze planeet en in een fysiek lichaam. Opnieuw, net als in de eerste reeks van negen kaarten, zullen we zien hoe we gevangen kunnen raken en hoe we ons kunnen bevrijden.

XI. De Kracht

Waite heeft om astrologische redenen de nummers van de Kracht en de Gerechtigheid omgewisseld, zodat bij hem de Kracht op nummer VIII staat. Ik geef echter de voorkeur aan de traditionele volgorde, zodat de Kracht hier gewoon weer als nummer XI behandeld wordt.
Het Rad van Fortuin heeft een nieuwe cyclus geopend, waarin het fysieke bestaan centraal staat. De eerste kaart, die we vervolgens tegenkomen, is de Kracht. De symboliek is heel eenvoudig: we hebben een vrouw en een leeuw, afgebeeld in een natuurlijke omgeving. De vrouw is gekleed in het wit (zuiverheid) en we zien boven haar hoofd een lemniscaat, net als bij de Magiër. Ook de bloemenkransen om haar hoofd en haar middel doen aan de Magiër denken. Zoals de Magiër de vier elementen als materiaal had om mee te werken, zo heeft deze dame de leeuw, die ze temt. Qua grondgetal (twee) is de Kracht verwant met de Hogepriesteres. Je zou de Kracht de 'vrouwelijke magiër' kunnen noemen.
De leeuw kan op verschillende niveaus geduid worden. In de eerste plaats is de leeuw traditioneel de koning der dieren, zodat je mag aannemen dat de leeuw hier het hele dierenrijk vertegenwoordigt. In het hermetische wereldbeeld (zie H.2.2.) neemt de mens een middenpositie in in de 'natuurrijken'. Onder de mens vinden we dan het dierenrijk, het plantenrijk en het mineralenrijk. Boven de mens zijn er de engelenrijken, die dan weer onderverdeeld kunnen worden in verschillende niveaus. In de hermetische literatuur vinden we vaak uitgebreide beschrijvingen van de rijken boven ons, die zich tot duizelingwekkende hoogtes uitstrekken. Net als de Magiër haalt de vrouw van de Kracht haar inspiratie uit de geestelijke rijken boven haar, getuige het lemniscaat boven haar hoofd. Daardoor heeft ze een ruim besef van wat ze aan het doen is. Ze begrijpt haar positie als mens in de schepping. Ze laat zich inspireren en leiden door een intelligentie, die ze helemaal vertrouwt en geeft leiding aan het scheppingsniveau onder haar, gesymboliseerd door de leeuw. Opvallend is, dat de leeuw op de kaart zich zo gemakkelijk laat temmen. Zonder angst raakt de vrouw de bek van de leeuw (de gevaarlijkste plek!) aan en de leeuw onderwerpt zich gewillig.

Je kunt hier natuurlijk heel direct denken aan hoe we met dieren omgaan. We gebruiken ze voor voedsel, laten ze voor ons werken of nemen ze in huis als gezelschapsdier. De kwestie is denk ik niet of dat op zich goed of fout is, maar de manier waarop. De dieren zijn onze naaste verwanten en ons natuurlijk gezelschap. Gedurende de evolutie zijn er vele natuurlijke samenwerkingsverbanden ontstaan, waar zowel de mensen als de dieren van konden profiteren. Naarmate de macht van de mens over het dierenrijk toeneemt, rijzen er steeds meer vragen. Hebben we nog respect voor de dieren zoals ze zijn of dwingen we hen in onnatuurlijke leefmilieus, waarin ze een slap aftreksel worden van wat ze zouden kunnen zijn? En met het fokken en genetisch manipuleren maken we dieren, die uitsluitend nog ons doel dienen en verder nauwelijks nog een functie of een eigen natuurlijk leven kunnen hebben. De meeste dieren in de vrije natuur zijn doodsbang voor ons en heel vaak is ook het omgekeerde waar. Toch is het ook opvallend hoe gewillig veel dieren zijn om zich te laten temmen, fokken en eten. Ze geven ons alles wat ze hebben met een overgave die ontroerend is.

In de hiërarchie van de natuurrijken heerst de mens over de dieren. We gebruiken hun natuurlijke instincten en vermogens en ontwikkelen ze voor onze doelen. De alchemistische visie is dat de mens tot taak heeft om het goddelijke in de natuur te bevrijden. Wat betekent dat voor onze omgang met de dieren? De kaart laat zien hoe het kan: met respect en liefde. Niet met geweld en uitbuiting. Als we de subtiele verbanden tussen de natuurrijken begrijpen, is er een prachtige samenwerking mogelijk.

Vanuit het beeld van de hiërarchie van de natuurrijken kun je je afvragen welke wezens of intelligenties bezig zijn de mens te leiden, te transformeren of te manipuleren. Wij eten dieren, maar wie eet ons? Hoe kunnen we samenwerken met hogere intelligenties? Waar laten wij ons door inspireren? We zien dat mensen vaak bereid zijn om zelfs hun leven op te offeren voor een hoger doel: waardoor worden zij gedreven?

Aangezien alles wat buiten ons is, ook ín ons is, kunnen we deze kaart ook interpreteren als een beeld van delen in onszelf. We hebben een lichaam, dat zich nauwelijks onderscheidt van de dieren. Dezelfde genen, organen en instincten: de resultaten van miljoenen jaren van evolutie. Vooral in het christendom is het instinctieve lichamelijke in de mens lange tijd gewantrouwd en onderdrukt. Het ideaal van geestelijke zuiverheid moest de strijd wel aanbinden met de dwingende krachten van het lichaam, zo dachten zij. Maar kijk eens naar de wijsheid van het lichaam en haar instincten! Denken we slimmer te zijn dan ons lichaam? Heel vaak betekent dat, dat we ons lichaam geweld aandoen met ziekmakende gevolgen. Het is nog steeds een illusie om te denken dat we het met onze beperkte kennis beter weten dan het lichaam met haar miljoenen jaren ervaring en langzaam opgebouwde natuurlijke wijsheid. En wie zegt dat onze instincten dom en redeloos zijn en strijdig met onze geestelijke 'roeping'? Misschien zijn onze instincten en natuurlijke gevoelens wel een zuiverder spiegel van de hoogste goddelijke wijsheid dan ons verstand!

We raken in de problemen als het verstand in conflict komt met het lichaam en haar natuurlijke impulsen. Als er harmonie is, is er een natuurlijke stroom van vitaliteit en levensblijheid. Er is liefde en respect voor alle vormen van leven. Het begrip van dit principe wordt op deze kaart belichaamd door een vrouw. Het is een vrouwelijk soort intelligentie die begrijpt waar het om gaat. Een intelligentie, die in intiem contact staat en zich voedt met de natuurlijke wijsheid van het lichaam. Het verstand moet hier bescheiden zijn en zich niet zomaar tot koning over de natuur willen uitroepen. Wie niet eerst geluisterd heeft met liefde en respect, mag niet veel hoop hebben om ooit iets van de (zijn/haar) natuur te begrijpen. Het prachtige beeld van Waite staat in schril contrast met wat we er in de dagelijkse praktijk van maken, maar er is reden tot hoop als we de les van deze kaart begrijpen.

XII. De Gehangene

Vastgebonden aan een voet hangt de Gehangene ondersteboven aan een soort galg, die bij nader inzien een levende boom blijkt te zijn. Zijn benen vormen een kruis (getal vier), zijn armen een driehoek (getal drie), terwijl er om zijn hoofd een ronde, lichte stralenkrans te zien is.

De normale verhoudingen zijn hier omgedraaid. Bij de Zot, de Magiër en de Keizer zagen we hoe de geest heerste over de materie. De mens werd afgebeeld als glorieus heerser over de schepping. Bij de Gehangene heerst het kruis van de materie over de menselijke ziel (de driehoek van de armen) en de geest (de stralenkrans). De vrije geest van de Zot is gevangen geraakt in het lichaam en de fysieke omstandigheden van de aarde. Het resultaat is de ervaring van beperking. In termen van het Rad van Fortuin is dit de neergaande beweging, de incarnatie, gesymboliseerd door de slang. Incarnatie is de verdichting van vrije energie in een vorm. We kunnen allemaal ervaren, dat de geest in ons altijd méér kan willen, verlangen en hopen, dan fysiek mogelijk is. De geest kan alles realiseren, willen en wensen in één enkel ogenblik, maar in het fysieke bestaan heersen de wetten van de tijd, waardoor alles vertraagt. Je komt je grenzen tegen, niet alles is mogelijk. Je kunt de beperkingen zelfs ervaren als een soort obstructie: alsof het leven alleen maar een worsteling is en deze planeet een tranendal.

Het getal van de kaart, twaalf, doet denken aan het twaalfde teken van de dierenriem: Vissen. Het staat bekend als een teken van lijden en opoffering en wordt vaak in verband gebracht met de lijdende Christus. Is deze aarde, dit lichaam dan alleen maar een blok aan het been? Is dit bestaan een soort strafgevangenis voor gevallen zielen? Moeten we ons lot dan maar lijdzaam ondergaan als willoos vee? Moeten we ons totaal opofferen om 'zalig' te worden? Moeten we afstand doen van onze diepste wensen omdat ze toch niet praktisch haalbaar zijn?

Het lijkt een galg, waaraan de Gehangene is vastgebonden, maar het is een levende boom met bladeren. De beperkingen zijn dus van natuurlijke aard. Een heel belangrijk aspect van deze kaart is het leren accepteren van natuurlijke beperkingen. Zie ze niet als je tegenstander, want door te vechten kom je alleen maar vaster te zitten. Een simpel voorbeeld: er zijn maar 24 uren in een dag en vele uren gaan op aan verplichtingen en noodzakelijkheden. Je kunt het gevoel hebben niet toe te komen aan jezelf, aan de dingen die je echt wil doen en waar je bezieling ligt. Toch heeft het weinig zin om de strijd aan te binden met die beperkte 24 uur per dag. Je zou jezelf uitputten, vechten tegen de bierkaai, waardoor je nóg vaster komt te hangen. Door de beperkingen van de tijd te accepteren en te leren kennen, kan het je vriend worden in plaats van je tegenstander. Het spreekwoord zegt: 'de meester toont zich in de beperking'. Hij vecht er niet tegen, maar maakt er gebruik van. De I Tjing zegt dat het scheppende principe zich realiseert ín, en door middel van, de tijd. De tijd is als een paard waar je op rijdt. Het paard brengt je ergens heen en je kunt het sturen in de gewenste richting. Hetzelfde geldt voor alle natuurlijke wetten van het

fysieke bestaan. Als je ertegen vecht, kom je vast te zitten. Als je ze begrijpt, maak je er gebruik van. De stralenkrans om het hoofd van de Gehangene suggereert, dat hij zich helemaal niet beperkt voelt! Juist door gewillig te hangen, door zich te laten instrueren door de natuurlijke wetten van het leven, bevrijdt hij zichzelf. Zijn omgekeerde houding suggereert: bekijk het eens anders!
De meeste mystieke stromingen houden zich niet bezig met onbereikbaar grootse idealen, maar met eenvoudig handwerk en een leven in harmonie met de natuur. Daar is vrede in te vinden en innerlijke vrijheid. Zou je vrijer zijn met veel geld of een eigen vliegtuig?
Zo kunnen we ook strijd leveren met onze eigen natuur. We kunnen lijden onder ziekte en ongemak. Een slechte gezondheid kan een einde maken aan heel wat aspiraties. De houding van de Gehangene laat zien dat hij eerst luistert. Door zijn lot te ondergaan, leert hij. Door overgave maakt hij zich vrij. Als je je omstandigheden niet kunt veranderen, leer er dan wijzer en geduldiger mee omgaan. Want als je innerlijk vrede hebt met wat er is en wie je bent, zullen de omstandigheden je juist je mogelijkheden tonen in plaats van je onmogelijkheden.

Hiermee is niet gezegd, dat je alles maar lijdzaam moet ondergaan. Het (er)kennen van je natuurlijke beperkingen kan heel wat gevolgen hebben voor je actieve opstelling in de wereld! De Gehangene lijkt misschien uiterlijk passief, maar innerlijk is hij zeer actief. Hij herinnert zichzelf als de Zot, kind van God. Hij weet dat hij zich hier bevindt omdat hij deze ervaring gezocht en gewild heeft. In die zin is hij niet gevangen of verdwaald, maar juist aangekomen op zijn bestemming! Dit is de plek waar het gebeurt. Hij wordt juist nu klaarwakker. Onvermoede zielekwaliteiten rijzen op uit de diepte. Zijn problemen verzwakken hem niet, maar brengen hem bij het beste in zichzelf. Hij laat het leven door zich heen gaan, ervaart alles ten volle, laat alle weerstand varen. Als je de Gehangene omdraait, zie je dat hij danst zoals de vrouw op de kaart de Wereld (XXI). Het getal drie zien we bij de Keizerin als groei naar buiten, bij de Gehangene als groei naar binnen en bij de Wereld als synthese. Hoewel alles hier lijkt te stagneren, vindt de groei juist plaats in de diepte van de ziel. Het kan niet anders dan dat zulke veranderingen vroeg of laat ook in uiterlijke veranderingen zullen uitmonden.

XIII. De Dood

Het Rad van Fortuin schildert het leven als een cyclisch proces, waarvan de dood een onmisbaar onderdeel uitmaakt. Juist als de fysieke vorm volwassen is geworden, treedt de neergang in. De volwassen plant trekt zich samen in het zaad. De dood wordt vaak afgebeeld als 'de man met de zeis'. Hij is degene die de ervaringen van het leven oogst. Doordat hij de uiterlijke vormen vernietigt, komt de inhoud weer vrij. Het grondgetal van de Dood is vier: hij vernietigt de vormen die de Keizer geschapen heeft. De activiteit van de Keizer is het scheppen van vormen, orde en structuur. Hij bouwt voor zichzelf een identiteit op en een plek in de wereld. Niets daarvan kan hij meenemen als hij sterft. Hoe zeker de sfeer van het getal vier (vaste materie, orde, structuur) ook lijkt: als het erop aan komt, valt het uiteen in losse onderdelen.

De kaart wijst zelden op de letterlijke fysieke dood. De dood is immers voortdurend onderdeel van het leven. Het achterlaten van een huis of een werkplek is een stukje doodgaan. Veranderen betekent, dat je steeds (een deel van) je vertrouwde identiteit moet loslaten om te ontdekken wat je nog méér bent. Zonder de dood zouden we vastroesten en stil blijven staan. De dood is de grote oplosser van gehechtheid. Het is de ultieme test voor de Gehangene, de grootste beperking die het leven kent: de eindigheid van alle vormen. We weten niet wat er gebeurt na de dood. Die onwetendheid is zo onontkomelijk, dat het beste wat we kunnen doen is ons over te geven en te vertrouwen dat er wel degelijk iets is na de dood. Op kleine schaal maken we dat al dagelijks mee. We gaan slapen in het volste vertrouwen dat we weer verfrist wakker worden. Als je dat vertrouwen mist, zul je niet goed kunnen slapen! Na het verlies van een geliefde, is het haast onvoorstelbaar dat je ooit weer gelukkig zult zijn, en toch komt dat moment meestal wel: maar niet op het moment dat wij dat willen of plannen. De vernieuwende werking van de dood is een mysterie, dat we alleen kunnen kennen als we (bewust) loslaten en vertrouwen hebben in de onverwoestbare kracht van het leven. Zolang je gehecht blijft, ervaar je alleen maar verlies. Onthechting is bevrijding. De geest die gevangen was in een vorm, een lichaam, een identiteit, komt weer vrij. De levensenergie, die was geïnvesteerd in een vorm, een geliefde of een project, kan weer stromen en haar natuurlijke gang vervolgen.

De kaart is rijk aan symboliek, maar in feite wordt hetzelfde verhaal in steeds andere vormen verteld. De Dood zelf is zwart, maar zijn paard is wit. Op zijn helm draagt hij een rode veer, net als de Zot en het kind van de Zon (kaart XIX). De rode veer is het symbool van de onverwoestbare levensenergie, die niet afhankelijk is van vormen. Het witte paard laat zien dat de dood een zuiverend proces is. Ook de witte roos op het vaandel duidt daarop.

Onder het paard ligt een gevallen koning. Zijn kroon is van zijn hoofd gevallen. Dit is typisch de Keizer, het ego, je (vermeende) identiteit. Voor de dood betekent het helemaal niets hoe rijk of sterk of machtig je bent. De koning, het ego, is de eerste die het loodje legt. De bisschop heeft

misschien goed begrepen wat de dood brengt. Hij begroet hem met gevouwen handen, die respect en eerbied uitdrukken. Of zou hij onderhandelen met de dood om een plaatsje in de hemel? Of bidt hij voor de zielen, die overgaan? Zijn bisschopsstaf is gevallen, want wie is hij zonder zijn ambt? Zie de Hogepriester: hoe wijs is hij werkelijk? De twee kinderen zijn niet bang voor de dood. Ze hebben nog geen ego of status te verliezen en staan nog dicht bij de bron, zodat ze het mysterie van dood en leven nog intuïtief kunnen begrijpen. In het aangezicht van de dood is het kind in ons (de Zot) een stuk beter op zijn gemak dan de volwassene met zijn ego (de Keizer) en zijn spirituele overtuigingen (de Hogepriester).
Op de achtergrond loopt een rivier, die doet denken aan de Styx uit de Griekse mythologie. Deze rivier scheidt deze wereld van het dodenrijk, Hades. Ook de twee torens op de achtergrond (zie ook de Maan, kaart XVIII) markeren diezelfde grens. Achter de torens schijnt een heldere zon, symbool van de onsterfelijke levensenergie, die slechts van vorm en gedaante wisselt.

Rouwprocessen kosten veel tijd en energie. Het is opvallend hoe weinig invloed we daarop kunnen uitoefenen. Je kunt niet besluiten dat het nu maar eens over moet zijn. Je kunt er zelfs niet uitkomen als je je verlies niet eerst accepteert. De les van de Gehangene is nog steeds relevant: geef je over, vertrouw op de natuurlijke levensprocessen. Je kunt soms niet verder als je niet op grondige wijze de balans hebt opgemaakt van je verleden, want dat is de oogst, die je meeneemt naar je volgende levensfase. Tenslotte blijft de dankbaarheid over om wat je gekregen hebt en de openheid om te ontvangen wat het leven je verder te bieden heeft.
De dood kan ook een verleider zijn, die je bevrijding belooft uit je lijden. Er zijn vele manieren om een einde te maken aan je leven: roekeloosheid, niet goed zorgen voor je behoeften, blijven hangen in wrok en verdriet, je lichaam negeren of vergiftigen, sociaal isolement, enzovoorts. Al die dingen brengen de dood dichterbij, maar of het op die manier een echte bevrijding zal zijn, is nog maar de vraag. Toch is het je goed recht om op die manier de waarde van het leven en de dood te onderzoeken.
Als je durft te sterven, zul je leven. Als je durft te leven, zullen alle grote en kleine sterfprocessen mijlpalen zijn op je weg naar een voller, rijker, wijzer leven.

XIV. De Gematigdheid

Naast de Kracht en de Rechtvaardigheid is de Gematigdheid één van de klassieke deugden. 'Deugd' komt voort uit een juist begrip, waardoor je houding en je handelingen harmonisch zijn, zowel voor jezelf als voor je omgeving. Niet voor niets worden ze alle drie als vrouwelijke figuren uitgebeeld, omdat het om vrouwelijke kwaliteiten gaat zoals het besef van je natuurlijke verbondenheid met je omgeving en het goed aanvoelen van wat er is. De kaart volgt op de beproevingen van de Gehangene en de Dood, waarin het ego met zijn gehechtheden 'door de mangel' ging. Het ego moest leren dat het niet op eigen kracht kan leven: alles wat het opbouwt en waar het zich aan vasthoudt, is vergankelijk. De bevrijding van de beperkingen van het leven kan pas komen als je in vrede leeft met die beperkingen en ze dus niet meer als zodanig ziet. We lijden aan ons verzet tegen het leven. Als we konden zijn als de kinderen op de kaart de Dood, onschuldig en vol overgave aan het leven (én de dood), zouden we het gemakkelijker hebben met de veranderingen en transformaties in ons leven. Maar vroeg of laat hebben we geen keus meer. De Dood is definitief. Wat uit de tijd is, verdwijnt.

Zo ontstaat het vacuüm, waarin de engel van de Gematigdheid optreedt. Ze giet water (levensenergie) van de ene bokaal in de andere en herstelt zo het natuurlijke evenwicht. Ook de vier elementen brengt ze in evenwicht door alle element-sferen met haar energie te doordringen. Met haar ene voet staat ze in het water, met de andere op de aarde. De driehoek op haar borst staat voor het element vuur en haar vleugels verbinden haar met het element lucht. Haar identiteit overstijgt en integreert de vier elementen. Zelf is ze in het wit gekleed en heeft op haar voorhoofd een zonnesymbool. Op haar borst zijn de letters JHVH te vinden, de Hebreeuwse naam van God. Ze is één van de manifestaties van God. Het is een manifestatie, die energierijk is en alle vier de elementen doordringt en in evenwicht brengt. De Magiër zou jaloers zijn op de kennis en de wijsheid van de engel! Hij zou wel in staat willen zijn om zijn vier elementen in harmonie met elkaar te gebruiken. Zijn scheppingen, ja, al zijn gedachten en daden zouden in harmonie zijn met de natuurlijke stroom van het leven. Daarvoor moet hij de verborgen wereld van de natuur, het leven en zijn eigen onbewuste leren kennen: allemaal gebieden die onder de Hogepriesteres vallen.

In de Gematigdheid zien we de werking van de Hogepriesteres in volle glorie. Ze brengt een bijzonder geruststellende boodschap: dat een levengevende, harmoniserende, zuivere, lichte energie alles doorstroomt. Alles leeft en stroomt in voortdurende verandering en zo gedijt het leven in al haar vormen. Deze hele planeet is één levend, bewegend, ademend organisme en wij maken daar deel van uit. Zelfs al weten we niets en zijn we armzalige magiërtjes en keizertjes, er wordt voor ons gezorgd. De bloeiende irissen verwijzen naar Iris, de godin van de regenboog. De regenboog is een symbool van de gelukkige ontmoeting tussen hemel en aarde en een belofte van zegening.

De kaart kan je bewust maken van de genezende energie, die alles doorstroomt. Verbind je met de heilzame krachten van de natuur. Luister naar de signalen van je lichaam, dat nooit liegt. Laat de controle los, die je vasthoudt in een éénzijdige houding en waardoor je dus uit evenwicht raakt. De paradox kan zijn dat je dan iets doet wat eerst heel onnatuurlijk voelt, omdat je het niet gewend bent. De genezing kan komen door iets wat je ervaart als ziekte, zoals een griepje je de gelegenheid kan geven om de rust te nemen, die je jezelf niet toestaat.

Je kunt de genezende kracht van de engel visualiseren als een wit licht dat je lichaam doorstroomt. En je kunt, zoals spirituele genezers doen, de energie door je heen laten stromen en richten naar wie het nodig heeft. In feite kun je alles wat je doet bezielen met deze heilzame energie. En of je je het nu bewust bent of niet, je doet het al!

De weg op de linkerkant van de kaart begint in de poel van het onbewuste en leidt via een duidelijke weg door het groen (natuurlijkheid) naar het licht achter de bergen, het domein waar de Zot vandaan kwam en waar de Kluizenaar naar terugkeert. Het is een weg naar 'verlichting', die via de natuurlijke weg gaat, maar geen weg die je vooraf kunt uitstippelen. Je zult kennis opdoen, maar niet noodzakelijk de kennis die je had verwacht. Toch leidt de weg niet naar het onbekende, maar naar de realisatie van wat er altijd al was en wat je aldoor geweten hebt.

XV. De Duivel

Met de Duivel zijn we duidelijk in de 'onderwereld' beland. De kaart bestaat voor een groot deel uit ontkenningen en omkeringen. Dat wordt heel duidelijk als we de Geliefden (kaart VI) er naast leggen. Op beide kaarten zien we Adam en Eva met een figuur boven hen. Bij de Geliefden zijn ze vrij en is er een engel die hen zegent. Bij de Duivel zijn ze gebonden met kettingen en houdt de duivel hen vast in een bezwerende greep. Nog even terug naar het paradijsverhaal: in de bijbelse versie worden Adam en Eva het paradijs uitgestuurd en bewaakt een engel met een vlammend zwaard sindsdien de toegang. Ze zijn verbannen, veroordeeld tot een moeizaam leven van worsteling en strijd. 'Stof zijt gij en tot stof zult gij wederkeren', zegt God tegen Adam en Eva. Ze verliezen hun hemelse identiteit en vervallen tot hun dierlijke staat, die op de kaart herkenbaar is in de hoorntjes en de staarten die ze dragen. Ze zijn hun goddelijke afkomst vergeten en hun dierlijke instinct heeft de leiding overgenomen. Daardoor zijn ze sterfelijk geworden en gebonden aan het aardse bestaan. Ook de Duivel zelf vertoont voornamelijk dierlijke kenmerken: hij heeft de vleugels van een vleermuis, de horens van een bok en het harige onderlichaam van een sater.

Zo op het eerste gezicht verbeeldt deze kaart dus de 'gevallen' toestand van de mens: afgesneden van zijn oorsprong, gevangen in de illusie van het aardse bestaan, beheerst door redeloze, dierlijke instincten. Geen onsterfelijkheid, geen hogere doelen in het leven, materialisme. Dit is de onderkant van het Rad van Fortuin: geheel geïdentificeerd met de 'vorm', is de mens zowel zijn goddelijke afkomst als zijn bestemming vergeten. Doelloos maakt hij zich druk om zichzelf te handhaven in zijn sterfelijk vorm. Hij zoekt een schijnbare toestand van geluk in bezit en genot. Oosterse religies noemen deze toestand 'Maya', de gevangenschap in illusie.

Toch levert deze visie een beperkt beeld op. Het is te simpel om alles wat 'aards' is, te bestempelen als het 'kwaad' en niets dan illusie. Bij de Gematigdheid en de Kracht zagen we de goddelijkheid in de natuur. De kabbala ziet de aarde als de manifestatie van God. De alchemie zocht juist de 'zwartste en zwaarste' materie (lood) om daaruit de goddelijke essentie (goud) te bevrijden. Er is niets fout aan de aarde, de materie, ons lichaam. Het gaat er niet om dat we die dimensie van het bestaan ontkennen of trachten te ontlopen. Bij de Gehangene hebben we gezien, dat het niet de omstandigheden zijn die ons onvrij maken, maar onze innerlijke houding daar tegenover. Een dualistisch wereldbeeld waarin de geest 'goed' is en de materie 'slecht' suggereert dat we ons zoveel mogelijk moeten onthechten van aardse bindingen en genietingen. Maar waarom zijn we dan hier? Alleen maar om te worstelen? De inwijdingsweg van de tarot (en met haar verwante esoterische en hermetische stromingen) leidt niet van de materie, de aarde en het lichaam weg, maar erdoorheen! Elke levensvorm en elke levensfase en elke ervaring heeft zijn waarde. Waarom zouden we willen weglopen voor de ervaring van gehechtheid of lichamelijk genot?

Vanuit deze visie is de ontmoeting met de Duivel niet iets om te vermijden of te ontlopen, maar juist buitengewoon zinvol! Zoals Jung zei, raken we niet verlicht door ons met lichte voorstellingen van God en de hemel bezig te houden, maar door ons innerlijk licht mee te nemen, de duisternis in. Hier vindt de grootste transformatie plaats. Dit fysieke bestaan is de oven van de goddelijke alchemist, waarin we 'bewerkt' worden tot de essentie vrij komt.

Als de Duivel verschijnt in een legging, ga ik geen moralistische preek houden. Ik ga op zoek naar wat angst oproept, wat vermeden wordt of ten strengste afgekeurd. Want ik weet dat daar leven zit en energie. Misschien in een lelijke vorm, maar daarom niet minder levend. Wat we ontkennen en afkeuren in onszelf en/of anderen, neemt een afstotelijke vorm aan. Als ik beslist niet egoïstisch wil zijn, zal ik alles wat daarop lijkt in mezelf en anderen, afkeuren. Daardoor zie ik de gezonde aspecten van egoïsme over het hoofd en raak dus in de problemen als ik in situaties kom, die daar een beroep op doen. En het lijkt of de duvel ermee speelt, want keer op keer doen die situaties zich voor, wat ik ook doe om het te ontlopen. Maar ik weet dat ik het juist tegenkom dóór het te ontlopen! Ook mijn angst is energie die scheppend is en aantrekt wat bij haar hoort. De Duivel is ook de 'schaduw' in termen van Jung. De schaduw is de zwarte kant van het ego. Het ego koestert overtuigingen: wat goed is en kwaad, wat waar is en onwaar, wie we willen zijn of niet willen zijn. Alles wat we afkeuren, wat we niet voor waar willen aannemen, wat we niet willen zijn, verzamelt zich in de figuur van de schaduw, die we maar al te graag projecteren op afschrikwekkende voorbeelden en duivels, die we veilig buiten ons kunnen plaatsen en waar we dus geen verantwoordelijkheid voor hoeven te nemen. Het is heel bevrijdend als je je 'schaduw' kunt ontmoeten. Hij is zelden zo grotesk negatief als je dacht dat ie was. Meestal is hij een miskend deel van onszelf, die maar al te blij is, dat hij eindelijk eens aandacht krijgt. Maar eerst moet de weerstand overwonnen worden, die ons belet om te kijken. Voor mij is dit de kern van de kaart: de Duivel roept ons op om datgene te doen waar we het meest bang voor zijn, om juist met de grootste aandacht te kijken naar wat we het meest haten of afkeuren. Dan is de Duivel een bijzonder effectieve en snelle weg naar heelwording, zelfacceptatie, waardering voor het leven in haar vormen. Dan leer je schijn en werkelijkheid te onderscheiden. En de dualiteit tussen goed en kwaad lost zich vanzelf op.

De Inquisiteurs, die de heksen vervolgden, leefden zich uit in wellustige fantasieën over hun vermeende tegenstandsters. Het is nu makkelijk te zien, dat zij in feite 'duivelser' waren dan de heksen zelf en dat hun fantasieën méér zeggen over de Inquisiteurs zelf dan over de heksen. De Duivel kan zich heel goed vermommen in de gedaante van iemand die rechtlijnig is in de leer, die overal een antwoord op weet, die indruk maakt met zijn kennis en intelligentie en altijd goed en kwaad weet te onderscheiden. Hij staat voor de autoriteiten in je leven die je hun normen en waarden opdringen. Ga eens na voor wiens oordeel je bang bent. Wat wil je het liefst verbergen, want je zou misschien afgewezen en afgekeurd worden als men zou zien wie je werkelijk bent. Wat belet jou om te zijn wie je bent, zonder schuldgevoel? Ook hier gaat het erom dat je niet wegloopt, maar de confrontatie aangaat. Ga de dialoog aan met degenen, die macht over je willen uitoefenen. Stel je eigen dwingende normen ter discussie. Besef dat je vrij bent: het is je eigen keuze. Het is een dialoog in jezelf tussen wie je vindt dat je moet zijn en wie je bent. De gedachte zit er diep in gebakken, dat we in wezen slecht zijn en dat we alleen goed zijn als we verschrikkelijk ons best doen om te zijn wie we moeten zijn. De Duivel is echter eerder te vinden in de overtuigingen die we koesteren, in wat we onszelf en elkaar opleggen met de beste (?) bedoelingen.

De kettingen om de hals van de man en de vrouw zijn heel gemakkelijk af te nemen. En ze hoeven zich maar om te draaien om te zien wat een groteske, misvormde figuur de Duivel is. Als ze hun vrijheid beseffen is er niets dat hen tegen kan houden. De dreigingen lossen op in ontspanning en humor. Doordat de angst is ontmaskerd, komt de vastgehouden levensenergie weer vrij. Je mág weer!

XVI. De Toren

De kaart laat een heftig beeld vol dynamiek zien. De bliksem slaat in in een toren, de kroon wordt er af geworpen en een man en vrouw vallen ondersteboven naar beneden. De toren is gebouwd op een smalle rotspunt, hoog boven de aarde. Hij reikte tot aan de hemel en leek onkwetsbaarheid te beloven aan haar bewoners, maar de bliksem maakt aan alle illusies een einde. Zo hoog als de mensen op de kaart geklommen waren, zo diep zullen ze vallen.

Op het eerste gezicht is het een kaart die gaat over mislukkingen en tegenslagen. Doelen worden niet bereikt, idealen spatten uiteen, verworvenheden gaan in één klap verloren. Het lijkt het noodlot te zijn, dat toeslaat. Toch is de oorzaak van de ramp de bliksem, die uit de hemel komt. De bliksem vernietigt de kroon, maar brengt wèl licht! Ook de lichtdruppels op de kaart wijzen erop dat hier licht gebracht wordt in een duistere situatie. De lichtdruppels zijn 'yods', de Hebreeuwse letter voor 'licht'.

Het ligt er dus maar aan hoe je het bekijkt. Vanuit de visie van degenen die de toren met veel moeite hebben gebouwd en zich veilig waanden, is het een ramp. Maar was het wel zo ideaal in die geïsoleerde toren, ver weg van de dagelijkse realiteit? Ze hebben zichzelf tot koning gekroond, maar koning waarvan? Het lijkt een tamelijk kil en zinloos bouwsel, afgesneden van natuurlijke voedingsbronnen. De bliksem bevrijdt de bouwers van de toren uit hun isolement en brengt ze weer in contact met lichte, genezende en levengevende energieën. Het is dezelfde energie, die de engel van de Gematigdheid zo vriendelijk en gul liet uitstromen in de wereld. Zolang het evenwicht niet al te extreem wordt verstoord, is de natuur vriendelijk en gematigd. Maar hier is een onnatuurlijke situatie ontstaan. Het evenwicht is zoek. De verbinding tussen hemel en aarde, tussen binnen en buiten is verstoord. Alleen een schok kan het evenwicht nog herstellen.

De Toren is verwant met de Zegewagen via het grondgetal zeven. De held van de Zegewagen is het ego met haar doelen, dromen, verwachtingen en overtuigingen. De positieve kant daarvan is dat het ego groeit en leert en prestaties levert. Door het succes dat we bereiken in ons streven, voelen we ons bevestigd en dus doen we er nog een schepje bovenop. De overtuigingen die we koesteren bevestigen zichzelf. Dat hoeft niet te betekenen dat ze in overeenstemming zijn met de werkelijkheid! Ze werken als een 'self-fulfilling prophecy'. We zien wat we willen zien en negeren wat daar niet mee in overeenstemming is. We trekken aan wat we uitzenden. Zo bevestigen we voortdurend ons eigen 'gelijk' en houden dat voor de waarheid. De paradox is, dat juist als we ons veilig wanen in ons gekoesterde zelfbeeld en wereldbeeld, we het meest kwetsbaar zijn. Het ego is éénzijdig, per definitie, want het wordt opgebouwd uit keuzes tussen goed en kwaad, waar en onwaar, wie we willen zijn en wie we niet willen zijn. Daar is niets mis mee, zolang we bescheiden blijven en ons beperkte begrip van de waarheid niet op een voetstuk willen zetten.

Zolang we bereid zijn om te leren van onze ervaringen en open staan voor wat niet in overeenstemming is met onze overtuigingen, bouwen we torens, maar we kunnen ze net zo gemakkelijk weer afbreken. We hebben onze overtuigingen, maar we verschansen ons niet achter dikke muren. Zolang we in staat zijn om open te communiceren en te luisteren naar wat anderen zien en denken en voelen, zullen er openingen zijn in de toren. De Toren verbeeldt het ego, dat zich tot koning heeft gekroond. Het is de onbuigzame trots, die zich beter waant dan anderen en de waarheid in pacht denkt te hebben. Tenslotte kan die trots alleen maar gebroken worden door een schok.

De schok is een situatie, die we meestal niet zien aankomen, verblind als we zijn. Anderen zien het vaak al eerder, maar we luisteren niet en negeren de signalen. Toegeven dat we iets niet weten of kunnen oplossen, zou aanvoelen als een nederlaag. Het gekke is, dat we alles wat ons schijnbaar tegenwerkt, als een objectief probleem buiten onszelf gaan zien. Zo denken we met de oplossing van het probleem bezig te zijn, terwijl we het in feite verergeren. Als ik (te)veel van mezelf eis en mijn lichaam gaat signalen geven van uitputting, kan ik denken dat mijn lichaam tekort schiet. Ik kan proberen om flink te zijn of de symptomen te bestrijden, want het doel heiligt de middelen. Als ik daar maar lang genoeg mee door ga, put ik mijn lichaam nòg verder uit tot er iets gebeurt wat mij helemaal zal vellen. Pas dan begin ik te luisteren: als het niet meer anders kan.

De bliksem komt als een schok voor het ego. Het ergste wat kon gebeuren, gebeurt. Maar als we in staat zijn om te zien hoe we deze situatie zelf mede gecreëerd hebben, zullen onze 'heilige' doelen en overtuigingen in een ander licht komen te staan. De levensenergie, waar we ons voor hadden afgesloten, kan weer stromen. Misschien kunnen we lachen om onszelf, om de heilige ernst waarmee we bezig zijn, om het drama dat we van het leven maken. Het heeft geen zin om ons schuldig te voelen, want het schuldgevoel verraadt nog altijd hoe we ons laten leiden door wat moet en niet door wat er is. Groeien doen we niet door te voorkomen dat we vallen, maar door te leren om op te staan. Als we onze beperkte waarheid kunnen vervangen door een waarheid, die groter en ruimer is, maakt dat onze vroegere waarheid niet verkeerd. Elke nieuwe fase van groei en leren vat alle voorgaande ervaringen samen, zowel de positieve als de negatieve. En wat op het moment van de 'ramp' het meest negatieve lijkt, kan later, als we erop terugkijken, het meest positieve blijken te zijn.

XVII. De Ster

Na de Duivel en de Toren, waar het donker was, breekt nu het licht door van de Ster, maar je moet bedenken dat je de sterren pas kan zien als het goed donker is. Ook de volgende kaart, de Maan, hoort nog bij de nachtsfeer. De nacht staat voor het onbewuste. Het is de fase dat het wakkere ego met zijn controle en doelgerichtheid uitgeschakeld is en de zielsinhouden, die normaal (bij dagbewustzijn) verborgen blijven, vrij spel hebben. Dat kan angstaanjagend zijn, zoals bij de Duivel en de Toren, waar we onze blinde vlekken en verdrongen delen tegenkomen. Het kan ook een bijzonder heilzame ervaring zijn, zoals bij de Ster. De kaart verschijnt vaak als een lichtpuntje, een baken van hoop en vertrouwen.

De Duivel en de Toren hebben het ego zware klappen toegebracht en daardoor is er een opening gekomen. De bliksem van de Toren heeft de weg vrijgemaakt voor het zachte licht van de Ster. De vrouw op de kaart is naakt, dus zuiver: zuiverder haast dan de in het wit geklede figuren van de Kracht en de Gematigdheid, met wie ze verwant is. Het kan heel bevrijdend zijn om naakt en kwetsbaar te durven zijn en als je het eenmaal durft, valt het meestal nog wel mee met die kwetsbaarheid. Als je opgesloten zit in een toren met dikke muren, loop je in feite méér gevaar dan deze vrouw in haar stille sereniteit. Alles is hier teruggebracht tot de naakte kern.

Het licht van de Ster moeten we niet onderschatten. Astrologisch gezien horen de planeten van ons zonnestelsel bij de sfeer van de persoonlijkheid. Ze symboliseren kwaliteiten, die het ego opbouwen. Sterren hebben een kosmische oorsprong en hun kwaliteiten overstijgen het niveau van de persoonlijkheid. De Zot, die zijn afdaling begon, is van kosmische oorsprong en bekleedt zich tijdens zijn afdaling met een lichaam en een (tijdelijke) persoonlijkheid. Bij de opstijging laat hij deze 'jasjes' weer achter zich om zich opnieuw te identificeren met zijn ware identiteit.

Wie bedoelen we eigenlijk als we 'ik' zeggen? Meestal gebruiken we dit woord alsof we weten waar we het over hebben, maar dat staat nog te bezien. Het lijkt alsof er een centrum is, van waaruit we weten wie we zijn en alles kunnen overzien. Maar een feit is dat dat centrum voortdurend van plaats verandert. We identificeren ons voortdurend met verschillende delen van onszelf, maar als ons gevraagd wordt wie we nu werkelijk zijn, kunnen we geen afdoend antwoord geven. Deze kaart nodigt ons uit om alle 'jasjes' uit te doen en oog in oog te staan met ons ware zelf. Het bijzondere is natuurlijk, dat ons ware zelf pas voelbaar en kenbaar wordt als de andere, vaak luidruchtige en veeleisende, ikken even stil zijn. Het is het luisteren naar wat subtiel in ons fluistert en wat niet zo gemakkelijk in een hokje te plaatsen valt. Het bestaat uit het toegeven dat we niet weten wie we werkelijk zijn. Het is niet iets wat je doelgericht kunt pakken. Het komt naar je toe als je er open voor staat. En de oorsprong is kosmisch, bovenpersoonlijk. Je mag niet verwachten dat je alles meteen zult herkennen en zeker kunt weten. De zegeningen van de Ster moeten misschien vooralsnog stil gekoesterd worden zodat ze kunnen rijpen. Misschien hebben we geen woorden voor wat we aan inspiratie ontvangen, want woorden zijn beperkt als het over het wezenlijke van de dingen gaat.

Rudhyar, een astroloog, zegt dat elk mens een antwoord is op een behoefte. Je bent een kosmische lichtstraal, die hier iets komt brengen. Dat is je ware identiteit. Niemand kan je dat onthullen, want jij bent uniek. Vanuit onze kosmische identiteit en inspiratie geven we, net als de vrouw van de Ster met haar bokalen, zegening aan de aarde. De rechtervoet van de vrouw raakt het water aan, maar gaat er niet in op. Ze maakt contact met de aarde, maar identificeert zich er niet mee. Ze geeft zonder iets terug te verlangen omdat ze vertrouwt, dat als ze het beste geeft van zichzelf, er ook voor haar gezorgd zal worden. Garanties vooraf mag je niet verlangen. Het is zelfs zo dat, wanneer we onze oude ikken loslaten en luisteren naar onze diepere bronnen van inspiratie, er in onze omgeving geluiden van protest kunnen komen. Mensen in onze omgeving hebben belang bij onze ikken en niet iedereen is echt geïnteresseerd in wie je bent. Daarom kan de inspiratie van de Ster ook een gevoel van eenzaamheid teweegbrengen. Maar je mag er op vertrouwen, dat wanneer je je diepste, zuiverste stem volgt, dat je dan hulp en bevestiging zult vinden op je weg.

Zie jezelf als een reiziger. Dit leven is slechts één aspect van je totale wezen. Je bent hier met specifieke redenen, die jij alleen werkelijk kunt kennen. Stel je voor dat je afscheid neemt van dit leven. Je kijkt terug en je vraagt je af of je je leven werkelijk geleefd hebt. Of je gegeven hebt wat je had. Mis je iets? Haal het dichterbij, leer het kennen, maak het je vertrouwd, handel ernaar. Dit is de eerste dag van de rest van je leven.

XVIII. De Maan

De maan is de laatste kaart (grondgetal negen) van de reeks die bij het Rad van Fortuin begon en die ging over het 'leven op het rad'. De planeet aarde wordt ook wel het 'ondermaanse' genoemd. In het 'ondermaanse' heersen de wetten van dualiteit: licht en donker, geboorte en dood, mannelijk en vrouwelijk, bewust en onbewust. Die tegenpolen worden hier weergegeven door de twee torens (zie ook de Dood, kaart XIII). De wereld aan deze kant van de torens is het fysieke bestaan: de weg, die in de poel beneden begint, loopt tussen de twee torens door naar het gebied, waarin de dualiteit overstegen is.

In de kabbala staat de maan voor de overgangssfeer tussen het fysieke bestaan van de aarde en de geestelijke sferen daarboven. In de astrologie wordt de maan in verband gebracht met de moeder: via haar komen wij het fysieke bestaan binnen. En bij het verlaten van de fysieke wereld (bij de dood of de slaap) ontmoeten we als eerste de maansfeer. De maan heeft dus een brugfunctie tussen verschillende werelden.

De dieren op de voorgrond staan onder haar heerschappij. De hond en de wolf huilen naar de maan. Van kreeften weten we nu dat ze soms massaal gaan trekken bij volle maan (wist Waite dat trouwens ook in 1910?). In ieder geval is de maan de heerser van het astrologische teken Kreeft. Achter de maan straalt de zon en de yods (zie ook de Toren, kaart XVI) zijn de flitsen van inzicht, die op aarde als dauw neerdalen.

Ook bij de Hogepriesteres kwamen we de maan tegen in verschillende vormen: de twee kaarten zijn sterk met elkaar verwant. De maan staat voor de nacht, het onbewuste. Als het volle maan is, kunnen we redelijk goed zien in het donker, maar we kunnen ons flink vergissen: een boomstronk kan op een griezelige trol lijken. Bovendien kennen we de 'schijngestaltes' van de maan en de achterkant krijgen we nooit te zien. Het zijn allemaal heel sprekende dingen, die iets zeggen over hoe het onbewuste functioneert en hoe we met ons bewuste dagbewustzijn wel iets kunnen zien, maar toch niet goed kunnen weten of het wel 'echt' is wat we zien. En voor een deel (de achterkant van de maan) zal het mysterie misschien altijd wel een mysterie blijven. Bij de Hogepriesteres waren veel verwijzingen naar het mysterie: de voorhang, de boekrol en haar sluier. Ik stel me voor dat wat bij de Hogepriesteres verborgen was, hier zichtbaar gemaakt wordt.

Hoe krijgen we toegang tot de wereld van het onbewuste? Laten we eens kijken naar de wereld van de slaap en de droom. Normaal weten we niet wat er gedurende de slaap gebeurt. Als we onze dromen onthouden en er wijs uit willen worden, krijgen we te kampen met een paar moeilijkheden. Een letterlijke interpretatie van de droom is zelden zinvol. Het is niet wat het lijkt! We dromen in symbolen: de beelden en figuren uit de droom lijken op wat we in ons dagbewustzijn kennen, maar zijn niet hetzelfde. Ze verwijzen naar een innerlijke realiteit, waarin onze vertrouwde definities en grenzen niet meer relevant zijn. Ook symbolen (zie H.1.) hebben een brugfunctie: van zichzelf stellen ze niet veel voor, maar door de suggesties die ze wekken, komen we in contact met wat er leeft in de ziel.

Vanuit het licht van de zon gezien, is het 'ondermaanse' een dualistische schijnwereld: maya. Vanuit ons dagbewustzijn neigen we ertoe om de mistige wereld van de maan te zien als schijn en bedrog. Maar vanuit het licht van de zon is dat wat wij zo 'reëel' vinden, juist een schijnwereld. De kwestie is dan misschien niet hoe wij toegang kunnen krijgen tot het onbewuste (de ziel), maar hoe de ziel toegang kan krijgen tot ons dagbewustzijn! Het fysieke bestaan dat voor ons zo reëel en feitelijk lijkt, is een droomwereld! Probeer deze gedachte eens uit door een aantal vaste gegevens uit je leven te zien als een symbool. Terwijl ik dit schrijf, landt er een vogeltje op de tak van een boom voor mijn raam. Hij kijkt naar me. Wat komt hij mij vertellen?

De dieren op de kaart doen denken aan de Kracht (kaart XI), waar we zagen dat ons lichaam tot op het niveau van de cellen de herinnering aan de hele evolutie met zich mee draagt. De kreeft is één van de oudste bewoners van onze planeet. Het astrologische teken Kreeft wordt ook wel in verband gebracht met de herinnering. De kreeft staat dus voor de diepste laag van het dierlijke onbewuste. De wolf staat al dichterbij, maar is nog wild. De hond is een getemd dier en staat voor dat deel van ons dierlijke onbewuste, dat bewust gemaakt is.

Het is duidelijk dat de weg lang is, want het onbewuste leven van de ziel kent vele lagen en mysteries. Het is tevens een kronkelige weg, waarop het doel dat we ons voorstellen, vaak niet meer is dan de volgende bocht in de weg. We moeten ons door schijngestaltes heen werken, vóórdat het licht van de Zon in de volgende kaart kan doorbreken. Maar in de bijbel wordt ons beloofd, dat alles wat verborgen is, geopenbaard zal worden.

De Maan roept soms angstreacties op. De krachten, die oprijzen vanuit het onbewuste kunnen bedreigend zijn en ontwrichtend voor de controle en de zekerheden van het ego. Oud zeer kan opnieuw opspelen. Plotselinge gevoelens overspoelen je. Diep gewortelde instincten worden wakker. Het zijn allemaal processen waar we met ons verstand weinig greep op hebben. Misschien dat een blik op het serene gezicht in de maan een steun kan zijn. Ze is zo rustig (net als de Hogepriesteres trouwens) omdat ze zich niet laat afleiden door schijngestaltes. In het Tibetaanse Dodenboek wordt ons verteld dat de monsters en duivels, die ons bezoeken in de schemerwereld, slechts uitvergrote beelden zijn van wat er leeft in ons innerlijk. De beelden zijn niet wat ze lijken: als ze ontmaskerd zijn, verliezen ze hun dreiging en brengen inzicht en zelfkennis. Je kunt de Maan tegenkomen als een soort 'wachter op de drempel': ben je klaar om een diepere laag van jezelf te leren kennen? Ben je bereid om af te gaan op gevoelens en intuïties in het vertrouwen dat ze je zullen leiden naar je bestemming? Durf je de controle van het ego te laten varen en te luisteren naar wat je lichaam, je dromen en je gevoelens je vertellen?

Als je trouwens nog iets te kiezen hebt, want deze kaart kan er op duiden dat de controle van je ego al niet meer dan een ijdele illusie is.

In zijn diepste aspect beeldt deze kaart het huwelijk uit tussen de zon en de maan. De zon, die van achter de maan haar stralen werpt, is verduisterd, maar niet voor lang. Wat nu uit de diepten van de ziel omhoog komt, zal spoedig in het licht staan en herkend worden voor wat het is. Denk ook aan de Kluizenaar, eveneens getal negen: de Kluizenaar leeft met zijn volle aandacht in het hier-en-nu en overziet slechts zijn volgende stap. Zijn lamp licht hem bij. Rustig, sereen en zonder enige haast of onnodige vertraging, vervolgt hij zijn weg.

XIX. De Zon

De laatste drie kaarten van de Grote Arcana zijn beelden van verlichting, bevrijding en synthese. Als eerste komt de Zon tevoorschijn van achter de Maan. De 'schijngestaltes' lossen zich op en de Zon zet alles in een helder licht, waardoor je niet meer zoekt, maar vindt. Wat vinden we op de kaart? Het kind op de kaart is een kleuter die, naakt en weerloos, vol vertrouwen zijn armen spreidt en die zich niet druk maakt over het feit dat hij op een groot paard zit en geen teugels heeft. Misschien zou je hier een kaart verwachten die grote wijsheid uitbeeldt, een soort Kluizenaar of Hogepriester of zo. Iemand die het allemaal meegemaakt heeft en alle lessen heeft geleerd. De weg naar verlichting, die de tarot schildert, vereist geen zware oefeningen of het verzamelen van ingewikkelde kennis. De spirituele weg van de tarot leidt ook niet naar één of ander onwerelds nirvana, maar heel eenvoudig door het leven heen, zoals we dat allemaal uit eigen ervaring kennen. We worstelen allemaal met dezelfde levensvragen: in die zin laat de tarot ons zien welke dat zijn en hoe we de uitdagingen en beproevingen van het leven het beste tegemoet kunnen treden. Maar hoe we er mee omgaan en wat onze antwoorden zijn op de vragen van het leven, kan voor iedereen verschillend zijn.

De reis begon bij de Zot. Hij is nog onschuldig en vol vertrouwen in het leven. Hij weet intuïtief dat hij een kind van God is en verwacht dus van alles, inclusief van zichzelf, het beste. Diezelfde houding treffen we aan bij het kind van de Zon. De rode veer op het hoofd van de Zot vinden we terug bij het kind van de Zon (zie ook de Dood, kaart XIII). Het is een symbool van een lichte, stralende levensenergie. Beiden zijn ze dicht bij de bron van het leven en als je dat bent is er vanzelf een uitbundige hoeveelheid energie, die vrij kan stromen. De stralende zon, de zonnebloemen en de rode banier verhalen eveneens van de vitale energie die in alles is. Het werk van de alchemist is hier voltooid. De geest, de pure levensenergie, is bevrijd uit de materie. Sterker nog, de materie ontpopt zich als een levende drager van de universele levensenergie. Ook dankzij Einstein is het trouwens duidelijk geworden dat materie niets anders dan 'gestolde' energie is. In esoterische termen: alles wat er is, is een manifestatie van God.
De geest die afdaalt in de materie, omkleedt zich met een lichaam. Er vindt een verdichting plaats in materie, in een persoonlijkheid. Alles krijgt een eigen, afgezonderde identiteit. Er komen grenzen, die de verschillende werelden afbakenen. Er komt dualiteit en dus conflict en spanning. Het kind van de Zon is onschuldig en helder genoeg om door alle scheidingen en grenzen heen de kern te zien. Onderschat de macht van dit kind niet: in zijn linkerhand heeft hij de vlaggestok vast, die de banier draagt. De banier wappert van de hemel naar de aarde, van de grootste hoogten naar de diepste diepten. Moeiteloos houdt hij hem vast. Hij zit op een groot paard, wat aangeeft dat hij een energie tot zijn beschikking heeft, die vele malen groter is dan hijzelf. Hij doet geen enkele moeite om het paard te sturen, want hij is helemaal één met zijn dierlijke instincten

die voor hem even reëel en goddelijk zijn als het licht van de zon.
Jezus zei: 'Wie niet wordt als een kind, kan het Koninkrijk Gods niet beërven'. Voor het verstand kan dit een zware dobber zijn om aan te nemen. Maar laten we niet vergeten dat het juist het verstand is, dat grenzen definieert, scheidingen aanbrengt en het geheel wil opsplitsen om de onderdelen te analyseren (zie de Keizer, kaart IV). Zo hebben we onze wereld geschapen en daar is niets mis mee, zolang we maar beseffen dat het eindige, beperkte constructies zijn. Het verstand is een goede knecht, maar een slechte baas.

De Zot was grenzeloos, want hij vertoefde in de wereld waar grenzen niet relevant zijn. Zelfs tijd en ruimte zijn relatieve begrippen voor de Zot. Maar door af te dalen, kwamen er wél grenzen. Overal waar een vorm ontstaat, splitst iets zich af en begint een afzonderlijk bestaan. Ook bij de Zon komen we een grens tegen in de vorm van een muur. Dat betekent dat er nog steeds grenzen zijn, ook voor het kind. Maar nu zijn die grenzen geen belemmeringen meer om eenheid te ervaren. De intense beleving van de Zon bestaat er juist in, dat je in de kleinste dingen het allergrootste kunt zien. Grenzen hoeven het beleven van eenheid niet te verstoren als je ze ziet als contactpunten. Als jij bent wie je bent (en dat bèn je natuurlijk!), trek je vanzelf datgene aan wat bij je hoort. Wat naar je toe komt, raakt jou aan. Er stroomt energie tussen jou en 'het andere'. Precies zoveel als passend is voor het moment. Dan ontdek je vanzelf je natuurlijke grenzen. Je hoeft ze niet te zoeken of vooraf te construeren. Niet elke 'aanraking' hoeft prettig te zijn. Ook pijn is een waardevol signaal. Angst is in de kern een natuurlijk instinct dat waarschuwt als je je natuurlijke grens over gaat. Als je het signaal herkent, wordt het overbodig. En als je je natuurlijke grenzen kent, ben je altijd veilig. Dan kun je net zo zorgeloos zijn als het kind van de Zon.

XX. De Opstanding

De traditionele naam van deze kaart is 'het Oordeel', maar ik geef in navolging van de Hermetische Tarot de voorkeur aan 'de Opstanding'. De traditioneel christelijke visie op de 'toekomst' is de wederkomst van Christus. Hij zal 'de schapen van de bokken scheiden' en iedereen een plek toewijzen in de hemel ofwel in de hel. Hoewel dit een wel erg simplistische gedachte is en vrijwel niemand deze verwachting nog naar de letter serieus neemt, zit de vrees voor een uiteindelijk 'oordeel' er diep in. Oosterse religies geloven, dat we in volgende levens zullen oogsten wat we nu zaaien. Het ongeluk dat je nu in je leven overkomt, moet dan wel de straf zijn voor je slechte daden in vorige levens.

Ik heb veel mensen zien schrikken van deze kaart. Als ik daarnaar vroeg, had hun schrik altijd betrekking op de naam 'het Oordeel'. Dat moet ook wel, want het beeld van de kaart zelf is puur positief en vol belofte.

Wat denken wij mensen toch slecht over onszelf, de kosmische wet en God! Als God een oordelende god zou zijn, heeft hij dan ook geschapen waar hij een hekel aan heeft? Zou hij zo dom zijn? Wordt hij boos als we hem kwetsen? Zou hij zo overgevoelig zijn? Of is hij in een heftige strijd gewikkeld met de 'duivel'? Maar dan zou hij de baas niet zijn! Het zijn allemaal menselijke projecties, die van God een overgevoelige, gespleten persoonlijkheid maken, die zijn zaakjes alleen met geweld op orde kan houden.

Als de kosmische wetten ons de gevolgen van onze daden presenteren, betekent dat dan dat er ergens een instantie zit, die alles bijhoudt wat we doen en die tenslotte, desnoods levens later, ons de rekening presenteert? Als we dat geloven, zijn we geneigd om onze projecties los te laten op die instantie. Dan gaan we speculeren over normen en wetten, die ergens ver boven ons staan en die universele geldigheid hebben. De één gaat dan weer vinden dat hij die instantie beter kent dan de andere en meent daar het recht aan te ontlenen om over de ander te kunnen oordelen.

Als we ons laten leiden door de angst het 'fout' te doen, hebben we tevens een idee nodig van de norm die bepaalt wat 'goed' en wat 'fout' is. De grap is natuurlijk, dat we steeds maar bezig zijn om onszelf en elkaar te beoordelen vanuit zelfgemaakte normen, die we universele geldigheid toekennen. Daarmee houden we onszelf en elkaar in een ijzeren greep.

Het is de hoogste tijd om naar de kaart te kijken, die een heel ander verhaal vertelt. We zien op de voorgrond een man, een vrouw en een kind opstaan uit hun doodskist. Op de achtergrond nog eens een herhaling van hetzelfde beeld. Het hele verhaal van de inwijdingsweg van de Grote Arcana wordt hier samengevat en tot een hoogtepunt gebracht. De doodskisten staan voor de gevangenschap in de fysieke vorm: de gebondenheid op het 'rad' van geboorte en dood. De voorgaande kaarten lieten zien hoe we gevangen raken en hoe we ons kunnen bevrijden.

Let op de houdingen van de figuren. De man, de bewuste persoonlijkheid, het ego, staat er bescheiden bij in een ontvangende houding. Het ego is door het duister gegaan en heeft daardoor zijn beperkingen beseft. Hij kraait geen koning meer, maar heeft geleerd om te luisteren. Vergelijk de houding van deze man ook met die van de Geliefden (kaart VI). De vrouw, het onbewuste, de Hogepriesteres, neemt een actieve houding aan. Net als bij de Geliefden staat zij het dichtst bij de engel en neemt de vibratie van zijn bazuin rechtstreeks in haar lichaam op. Het onbewuste is niet onbewust meer. Alles wat verborgen was achter de sluiers van de Hogepriesteres, wordt geopenbaard. In het kind herkennen we het kind van de Zon.

De boodschap van de kaart is dat waarheid bevrijdt! Dat is tegengesteld aan de verwachting van een straffend oordeel. Wat zal de balans zijn als je alles optelt? Wat zal er aan het licht komen als je, helemaal naakt, in onmiddellijk contact komt met de engel? Vanuit onze angst om niet goed genoeg te zijn, verwachten we het allerergste. Terwijl het het beste is wat ons kan overkomen! In de kern zijn we nog altijd en onverwoestbaar de Zot, kind van God. We kunnen verdwalen, gevangen raken en wonderlijke toeren bouwen met ons ego. Onderweg kunnen we keuzes maken, die we later betreuren. We zijn vrij om het leven voor onszelf en elkaar tot een hel te maken. Dat kan allemaal gebeuren zolang ons bewustzijn beperkt is en ons ego de macht naar zich toe wil trekken. Maar het eindpunt van die 'dwaalwegen' is geen straf, maar bewustwording, een bevrijdend inzicht! Als we werkelijk beseffen wat we doen, hoeven we niet te wachten op het oordeel van een instantie boven ons.

In de voorgaande kaarten hebben we verschillende 'engelen' gezien. Bij de Geliefden werd de inspiratie van de engel nog indirect via het onbewuste ontvangen. De engel van de Gematigdheid doet haar werk ook als wij er niet bewust bij zijn. De zegeningen van de Ster en de Maan dalen in de nacht, als het ego is uitgeschakeld, op ons neer. Op deze kaart is het ego (de man) klaarwakker en ook de vrouw heeft al haar sluiers afgeworpen. Ze staan in direct, bewust contact met de engel. Er is geen twijfel meer. De vibraties van de bazuin doordringen hemel en aarde en heffen alle scheidingen, die er waren, op.
De kaart verschijnt vaak op beslissende momenten. Een nieuw inzicht baant zich een weg, waardoor alles in een nieuw licht komt te staan. Het kan een moment zijn waarop je definitief afscheid neemt van een situatie, die niet meer in overeenstemming is met jouw waarheid. Het kan het einde zijn van een zelfbeeld, waarmee je jezelf tekort deed. De vernieuwing, die daarvan het gevolg is, kan aardverschuivingen veroorzaken in je leven, omdat de vorm waarschijnlijk niet meer in overeenstemming is met de inhoud die je er aan geeft. Dat hoeft niet te betekenen dat de vorm van je leven letterlijk verandert: het kan ook zijn dat je dezelfde situaties nieuwe inhoud geeft en bevrucht met nieuwe inspiratie.

Het ego, de bewuste persoonlijkheid, is nu geen afgescheiden identiteit meer. Je plaats in het geheel is duidelijker geworden. Wat blijkt is, dat je het geheel het beste dient door jezelf te zijn. En wat je aantreft in je leven is precies datgene wat je nodig hebt om jezelf verder te ontwikkelen. Nu pas kun je werkelijk begrijpen wat je verantwoordelijkheid is. Je bent geen speelbal meer van krachten buiten je. Datgene wat je tegenkomt in je leven vraagt om jouw 'antwoord'. 'Verantwoordelijkheid' is het vermogen om het leven zinvolle antwoorden te geven. Daarvoor hoef je niet ver te zoeken, want wie je werkelijk bent is een zinvol antwoord op het leven.

Je kunt met deze kaart doorschieten en jezelf als goddelijke spreekbuis gaan zien, die het ook voor anderen het beste weet. Het is een bekend verschijnsel bij verse bekeerlingen. Je kunt zó onder de indruk zijn van je nieuw verworven inzichten, dat je ze gaat overdrijven. Na de piekervaring is er echter weer het gewone leven. Ook ná de verlichting bestaat het leven uit 'houthakken en water dragen'.

XXI. De Wereld

De laatste kaart van de Grote Arcana toont de synthese van alle tegenstellingen. Alles komt samen in een beeld van éénheid, waarin hemel en aarde, mens en kosmos, mannelijk en vrouwelijk, geest en materie, allemaal hun plaats krijgen in een dynamisch geheel.
De kaart lijkt veel op het Rad van Fortuin (kaart X). Ook hier de vier elementen in hun astrologische gedaante in de hoeken van de kaart en een ronde vorm in het midden. Maar de verschillen zijn niet minder opvallend. Het Rad van Fortuin geeft een min of meer mechanisch beeld van het universum. Er staan geen mensen op de kaart. Het rad tolt autonoom rond, gedreven door onpersoonlijke wetten. In de kaarten die volgden, hebben we onszelf zien worstelen met die wetten. Ze leken ons gevangen te houden in beperking (de Gehangene, de Dood). We deden pogingen om ze te slim af te zijn (de Duivel en de Toren). We projecteerden ons eigen beperkte begrip op een oordelende instantie buiten onszelf (de Opstanding).
Bij de Wereld is er geen gevecht meer. De wetten, die het universum in stand houden, worden niet meer ervaren als dwang van buitenaf, maar als een structuur, die het ons mogelijk maakt te zijn en te beleven wie we zijn. Het is geen koud, mechanisch universum dat maar voort tolt en waar we slechts een speelbal van zijn. De Magiër kan zijn scheppend werk doen juist door zijn gegroeide inzicht in zichzelf en zijn begrip van het 'materiaal' waarmee hij werkt. De geheimen van de Hogepriesteres zijn ontsluierd. In de oude klassieke geschriften, waaraan de tarot veel van haar inspiratie ontleent, is vaak sprake van de godin Sophia. Sophia is de godin van de wijsheid, maar de oude wijsheid is verloren gegaan. Sophia is 'gevallen in de materie' en wacht op de bevrijding. Zonder wijsheid is de materie een zieloze gevangenis. Het gaat erom, dat we Sophia bevrijden uit haar gevangenschap. Dat is het doel van de alchemie als ze tracht om de goddelijke essentie uit de materie te destilleren. Het is het werk van de vrouw van de Ster (kaart XVII) en van de engel van de Gematigdheid (kaart XIV) om de materie te bezielen met goddelijke liefde en licht. De vrouw op de Wereld kun je zien als de bevrijde Sophia. De materie is bezield met haar goddelijke essentie. De hemel komt op aarde en de aarde verheft zich naar de hemel.

De vrouw heeft twee staven in haar handen, dezelfde als die van de Magiër, maar die had er maar één in zijn (bewuste) rechterhand . Dat duidt erop dat ook de verborgen kanten van het onbewuste, belichaamd in de Hogepriesteres, nu volledig bewust en actief geworden zijn. Onder haar sluier bevindt zich ongetwijfeld een penis, want het gaat hier om de vereniging van het mannelijke en het vrouwelijke in androgynie. Toch verschijnt 'de wereld' aan ons in een vrouwelijke gedaante. De 'wereld', ofwel de kosmos, is de manifestatie van God. Die manifestatie heeft een vrouwelijke vorm omdat het een manifestatie is. God is aanwezig in zijn schepping tot in het kleinste onderdeel. Maar het totaal van wat 'er is', kunnen we alleen maar begrijpen vanuit de manifestatie van wat er is, via de vorm dus, en die is 'vrouwelijk'. We zouden haar Anima Mundi kunnen noemen: de Wereldziel.

Ze danst de dans van het leven, zoals de god Shiva, die voortdurend werelden schept en vernietigt. De sluier om haar lichaam is de dynamische, wervelende energie die hemel en aarde verbindt. Het eindpunt van de Grote Arcana is geen statische toestand, maar een vloeiende beweging, waarin de grootste tegenstellingen zijn verenigd in een harmonisch geheel. De lauwerkrans om haar heen benadrukt haar glorieuze schoonheid en is tegelijk de sfeer die haar omringt en beschermt. Vergelijk dit beeld met de muur, die het kind van de Zon beschermde: de grenzen en wetten zijn geen belemmeringen meer, maar zijn juist de middelen waardoor ze zich manifesteert. De dans kun je zien als een overwinning op de zwaartekracht, maar wat zou de dans zijn zonder diezelfde zwaartekracht? Het is juist het spel dat de danseres speelt met de wet van de zwaartekracht, dat het allemaal zo interessant en zinvol en mooi maakt. De vier elementen in de hoeken van de kaart begrenzen haar wereld, maar maken het haar tegelijk mogelijk om zich in haar volle glorie te manifesteren. In haar dans speelt ze met de grootst mogelijke tegenstellingen. Zelfs de Duivel en de Dood aanvaardt ze als danspartners. Zolang ze gecenterd blijft in haar eigen middelpunt is dat allemaal mogelijk zonder dat ze werkelijk uit haar evenwicht raakt.

De kaart nodigt je uit om het leven helemaal te aanvaarden en te beleven met je volle aandacht. Heb vertrouwen dat de spanningen, conflicten en tegenstellingen, die je daarbij ontmoet, zowel in jezelf als in de wereld, deel uitmaken van een harmonisch geheel. Heb vertrouwen dat de dynamische beweging van het leven je niet uit je evenwicht hoeft te brengen als je trouw bent aan je diepste zelf. Wees bereid om je wereld groter te maken. Je vijanden te herkennen als danspartners, je kwelgeesten als uitdagers, je pijn als bondgenoot. Verwacht te ontdekken dat je méér bent dan je dacht dat je was. Dat je méér kunt dan je voor mogelijk hield.
Het gevaar van de kaart schuilt in de overschatting van jezelf, waardoor je kunt oplossen en kritiekloos vervloeien in je omgeving. Dan raak je je anker kwijt en word je een speelbal van krachten buiten je. Vertrouwen hebben wil niet zeggen dat je ogen sluit en overal 'ja' tegen zegt. Het betekent niet dat er nu geen (natuurlijke) grenzen meer zijn. Zie alles wat je tegenkomt als je danspartner. In de dans is de verhouding met je partner dynamisch. Er is aantrekking en afstoting, leiden en volgen. Beurtelings ben je de beweger en word je bewogen. Op elk moment is jouw bewuste aanwezigheid vereist: of je het initiatief nu neemt of laat, of je nu 'ja' of 'nee' zegt. Het is allemaal onderdeel van het spel. De Zot wist dat het een spel was. Daarom stapte hij zo zorgeloos in de afgrond. Ik denk dat Jung er veel van begreep toen hij schreef:

'De ervaring van het zelf betekent dat je je bewust bent van je eigen identiteit. Je weet dat je niets anders kunt zijn dan jezelf, dat je jezelf niet kunt verliezen, noch er vervreemd van raken. Het zelf is onverwoestbaar, altijd dezelfde, niet oplosbaar noch uitwisselbaar. Door het zelf blijf je dezelfde onder alle omstandigheden.'

5. De Kleine Arcana
5.1. De Staven

Staven Aas

Bij de Azen wordt het element ons als het ware aangeboden door een gulle hand, die uit een wolk komt. De Aas is de nummer één, de eerste manifestatie dus van het element. Het is een pure, onvermengde ervaring 'uit de eerste hand'. Onder de elementen is vuur tevens het eerste: de meest pure energie, de initiatiefnemer, de pionier. Hier wordt iets nieuws geboren. Het is een kiem met grote groeikracht. De blaadjes die rond de staf zweven zijn yods: sprankjes van licht en inzicht. Het kan de geboorte zijn van een groot idee, het begin van een nieuwe levensfase, de terugkeer van een frisse stroom van levensenergie. Het is vuur dus het kan heftig zijn, vooral als je energie lang geblokkeerd is geweest.

De aarde is nog vrij leeg, maar ziet er vruchtbaar uit. Alle mogelijkheden zijn nog open. De energie is nog nergens aan gebonden en vrij in zichzelf. Maar dat zal niet zo blijven, want de energie is vol scheppingsdrang en zoekt een weg om zich te manifesteren. De aarde is als een braakliggend stuk land: je kunt nog kiezen waar je je staf wilt planten. Je zult gretig zijn als je een goede mogelijkheid ziet om je energie op te richten. Misschien tè gretig want het element vuur is vol ongeduld en neigt ertoe om de trage processen van manifestatie in de materie te onderschatten, of zelfs als een hinderlijke tegenwerking te zien. Als je scheppende energie een doel kiest om zich op te richten, begint er een proces van vertraging en verdichting, waardoor er vormen en resultaten ontstaan, maar waarin de oorspronkelijke vrijheid verloren gaat. Wees dus zorgvuldig in je keuzes en verspil niet nodeloos of doelloos je kostbare energie.

Als er een nieuw stukje aarde in gebruik wordt genomen, wordt er als eerste een middelpunt gevestigd, van waaruit de activiteit zich verder uitbreidt. Het kasteel op de kaart is de eerste plek, waar de energie zich zal aarden. Het moet een goed gekozen plek zijn, een echt middelpunt dat kracht geeft. En met een goed uitzicht op de omgeving, zodat je je mogelijkheden eerst goed kunt verkennen. De aarde is niet alleen de plek waar je je wilt manifesteren, maar tevens de plek die je nodig hebt voor je voeding. Je zult het moeten doen met de mogelijkheden die er zijn. Zoek een vloeiende, harmonische manier om met jouw inspiratie de aarde te zoeken. Vertrouw er op dat er een mystieke resonantie is tussen jouw inspiratie en de wereld, die daar op wacht.

Je kunt deze kaart in de praktijk ervaren als pure opwinding. Een ongeduldig soort onrust, die heel vervelend kan zijn als de energie niets zinnigs heeft om zich op te richten. Je lichaam verlangt naar actie, maar als de energie ergens blokkeert, kun je er last van krijgen. Dit is een interessante kaart voor wie zich bezighoudt met chakra's en de stroom van de energie door het lichaam. De plek waar het pijn doet, zal een aanwijzing zijn voor waar en hoe de energie blokkeert.

Het eerste begin van alles is vaak chaotisch. Verschillende ideeën strijden om de voorrang. Wat je vandaag denkt, kan morgen weer een heel andere wending krijgen. Pas door te doen en het verstrijken van de tijd, ontvouwt het zich. Begin maar gewoon en vertrouw dat alles zich op een natuurlijke manier zal ontvouwen.

Staven Twee

Het kasteel, dat op de Aas te zien was, is nu bewoond en het centrum geworden van waaruit de energie zich verder kan gaan ontplooien. De figuur op de kaart staat op het hoogste punt van zijn kasteel en heeft een formidabel uitzicht. Zijn gedachten gaan zelfs verder dan de nabije omgeving die hij met zijn ogen kan zien. De wereldbol in zijn hand getuigt van een blik, die zich tot in verre streken kan uitstrekken. Alles wat je kunt bedenken, is mogelijk. The sky is the limit.

Eén staf heeft hij in zijn hand: dat is zijn vrij beschikbare energie, waarmee hij kan doen wat hij maar wil. De andere staf is vastgeklonken aan de harde steen van het kasteel. Dat is zijn gebonden energie, die zich al ergens aan gehecht heeft en daar stevigheid heeft gevonden. Dus heb je hier iets te verliezen. Waarom zou je je zekerheden opgeven voor een ongewis avontuur, dat ook kan mislukken? Het zien van mogelijkheden kan hier beperkt blijven tot vrijblijvend dromen. Als je geïnteresseerd bent in Egypte bijvoorbeeld, kun je volstaan met er over te lezen: je hoeft er niet per se heen te gaan.

De kaart toont het moment van de keuze. Alles is mogelijk. Je bent vrij om te gaan of te blijven. Nu kun je alles ervaren. Buiten je kun je je mogelijkheden verkennen. In jezelf kun je nagaan wat wezenlijk voor je is. Waar ligt je grootste inspiratie? Waar heb je het meest zin in? Wat is het meest waardevolle doel waar je je voor in kunt zetten? Op de steen links onder zien we de witte lelie en de rode roos, die zo vaak in die combinatie verschijnen in de tarot van Waite. De rode roos staat voor het bloed, de hartstocht, je gretigheid. Dat is de energie in zijn pure, ruwe, onvermengde vorm, die zich kan manifesteren als begeerte als je energie zich richt op iets waar je naar verlangt. De hartstocht werpt als het ware energielijnen uit naar het begeerde object en hecht zich er aan. Daar kunnen kindjes van komen: letterlijk en figuurlijk. Door zich te hechten aan een object gaat er iets groeien, maar raakt de energie tegelijk haar vrijheid kwijt. De witte lelie staat voor de zuivere energie, die zich niet hecht en dus vrij blijft. Dan kan de energie zich transformeren naar hogere niveaus. Pure lichaamskracht kan gecultiveerd en verfijnd worden. Seksuele energie kan zich sublimeren in creatieve scheppingen. Egoïsme kan getransformeerd worden tot constructief sociaal gedrag. Agressie kan een gezonde plek krijgen binnen een competitief verband.

Zonder de hartstocht van de rode roos zou je kunnen verkillen en vervreemd raken van de warme harteklop van het leven. Zonder de zuiverheid van de witte lelie zou je energie zich verlagen tot egoïsme, doelloze behoeftebevrediging en afhankelijkheid van het object van je begeerte. De synthese van beide is een zinvolle keuze uit de vele mogelijkheden, die je hier hebt.

Staven Drie

De figuur, die bij Staven Twee zijn kasteel nog niet verlaten had, is in beweging gekomen en staat nu midden in de wereld. Het getal drie duidt op beweging en verandering. Het is nu belangrijk om je initiatieven verder te ontplooien. Maak je ideeën bekend aan de relevante mensen. Durf risico's te nemen door nieuwe gebieden te betreden en te verkennen. Verbind je met geestverwanten, die dezelfde passie delen. Leer van wat je tegenkomt.

Vuurtypes moeten het hebben van hun visie en hun enthousiasme. Daarmee inspireren ze anderen en brengen dingen in beweging. Ze zien iets wat er nog niet is maar wat kán komen. Denk je wensen en plannen eens wat verder door. Wat zijn je doelen op de lange termijn? Hoe denk je daar te komen, welke stappen moet je dan doen, welke voorwaarden moeten er zijn?

De man op de kaart heeft ons de rug toegekeerd en is met zijn aandacht helemaal op de toekomst gericht. Zouden het zijn eigen schepen zijn die op de zonverlichte zee varen, op weg naar verre landen? Of staan ze voor zijn gedachten, die nieuw terrein verkennen?

Hoe vruchtbaar je ideeën zijn, kun je van tevoren niet (helemaal) weten. Je zult moeten afwachten of je ideeën in goede aarde vallen, of de risico's die je neemt, gerechtvaardigd zijn. Je kunt hier te gretig of te overmoedig zijn en je krachten overschatten. Of je bent te aarzelend, waardoor er niets van de grond komt. Maar je talenten kunnen zich pas ontwikkelen als je ze gebruikt. Wees niet bang voor de beweging en de verandering van het leven. Als je iets doet waar je enthousiast over bent, ligt de bevrediging al in het ermee bezig zijn. Het resultaat zal zelden precies zijn wat je had verwacht. Dingen kunnen mee- of tegenvallen, maar zowel van je successen als van je fouten kun je leren. Wie niet waagt, wie niet wint.

Staven Vier

De vier staven op de voorgrond zijn getooid met een krans van bloemen en vruchten: symbolen voor de overvloed van de aarde. De feestende mensen op de achtergrond en het imposante kasteel duiden er op dat de energie, die in de voorgaande kaarten nog zoekende was naar een plek op aarde om zich te manifesteren, nu haar bestemming heeft gevonden. De scheppende energie van het element vuur heeft zich harmonisch verbonden met de vormgevende, aardse eigenschappen van het getal vier.

De kaart toont een bijzonder gelukkige verbinding tussen hemel en aarde, tussen het ideaal en de concrete werkelijkheid. Als we deze kaart vergelijken met de andere stavenkaarten, valt dat nog extra op. De initiatieven van het element vuur vallen niet zo gauw en gemakkelijk in goede aarde. Vaak is er sprake van strijd tussen de pioniersvisie van het vuur en de weerbarstige traagheid en weerstand van de bestaande werkelijkheid. De grootste idealisten hebben de meeste moeite met de aardse werkelijkheid zoals die nu eenmaal is.

Hier lijkt alles in orde te zijn. Niemand houdt de staven vast: het lijkt alsof de mensen op de kaart mogen profiteren van een situatie, die ze niet zelf hebben gecreëerd. De basis was er al, gelegd door de bouwers van het kasteel. In bredere zin zou je kunnen zeggen dat het de aarde zelf is, die de mogelijkheden biedt, die op deze kaart zo gul worden aangeboden.

Het is een gelukkige omstandigheid als je op aarde een plek kunt vinden, waar je je idealen in praktijk kunt brengen. Het is nóg mooier als er gelijkgezinden zijn, die jouw idealen delen en aanvullen. Het heeft iets van 'thuiskomen', 'je bestemming vinden'. Je hoeft niet meer te zoeken. Je kunt je energie harmonisch en constructief richten en dat geeft rust. In de samenwerking met anderen wordt je motivatie nog eens extra versterkt: je helpt elkaar om je idealen tot werkelijkheid te maken.

Dan is er reden tot feest. Ook het vieren zelf is een aspect van het element vuur: enthousiasme, uitbundigheid, luidruchtigheid ook misschien. Gedeelde vreugd is dubbele vreugd.

Toch zijn dit geen situaties die langdurig stabiel zijn. Het element vuur kan niet goed op één plaats blijven. Er zullen nieuwe idealen ontstaan, die verder gaan dan wat je bereikt hebt. Mensen ontwikkelen zich. Er zijn plaatsen waar je een tijdlang thuis kunt zijn, waar je kunt leren en groeien en resultaten neerzetten, maar er kan een tijd komen, dat je die plek ontgroeit. Ook de relaties, die je hier opbouwt, kunnen van karakter veranderen als ieder zich individueel verder ontwikkelt. We zullen dat zien in de volgende kaart.

Op een feest vier je de resultaten van het verleden, maar tegelijk is het feest het begin van een volgende fase. Morgen is het weer anders. Vuur is een transformerend element, dat de brandstof waar het op brandt, vernietigt. Wat overblijft is de wetenschap dat het kán, de zelfbevestiging die je hebt gekregen, de ervaring die je hebt opgedaan. Dat kan je vertrouwen geven voor de toekomst, ook al is dat op een andere plaats in een andere situatie.

Staven Vijf

Na de rust van het getal vier komen we bij deze kaart in de dynamiek van het getal vijf, waardoor alle zekerheden weer op het spel komen te staan. In de vorige kaart stonden alle neuzen nog dezelfde kant op. Het individuele belang viel samen met het collectieve belang. Op deze kaart zien we vijf mensen die allemaal verschillend gekleed zijn. Met veel energie hanteren ze hun staf, maar het geheel ziet er chaotisch uit. Het is een samenkomen van conflicterende energieën en visies en de kans bestaat, dat de confrontatie uit de hand loopt.

De staf die je in je hand hebt, staat voor jouw visie en jouw inbreng in het geheel. Het is helemaal niet vanzelfsprekend dat anderen jou begrijpen of hetzelfde willen als jij. Een extra moeilijkheid is, dat ieder individu ook weer zijn of haar eigen idealen koestert over het collectief. Ieder voor zich probeert de 'groep' te vormen naar zijn of haar eigen ideaalbeeld. Dat gebeurt meestal met de beste bedoelingen, maar wat goed is voor jou is nog niet noodzakelijk goed voor een ander.

We hebben dus vijf individuen op de kaart, maar geen groep. Het is (nog) geen samenwerkend geheel. Hoe kan er orde ontstaan in de chaos? Hoe kunnen de conflicterende energieën met elkaar in harmonie komen? Hoe verschillend ieder op de kaart ook is, ze maken toch een gelijkwaardige indruk. Er is nog geen leider opgestaan of aangewezen. En dat is ook het leuke en uitdagende van de situatie: je kunt onmogelijk voorspellen wat er gaat gebeuren. Gaan ze samenwerken of vechten? En hoe chaotisch de situatie ook lijkt te zijn, toch is duidelijk te zien, dat ieder individu zeer betrokken is bij het geheel en bereid is om zijn volle energie in te zetten.

Laten we er (altijd) van uitgaan, dat ieders inbreng waarde heeft. De eerste voorwaarde is dan dat ieder de gelegenheid krijgt om zich te laten zien en horen. Van de groep vraagt dat om aandacht en respect voor ieder individu. Niet te snel oordelen, eerst goed luisteren. Van ieder individu wordt duidelijkheid gevraagd: laat je zien, zeg wat je wilt en niet wilt. Spreek je verwachtingen en wensen naar anderen uit. Kijk hoe en waar je elkaar kunt helpen en aanvullen. Creëer een open situatie waarin kan blijken wat er is. Wees niet bang voor verschillen, tegenstrijdigheden, confrontaties. Ga er mee om als open ontmoetingen waarin niets moet en veel mogelijk is. Vertrouw erop dat door het proces heen ieder zijn of haar natuurlijke plaats in het collectief wel zal vinden. Al doende wordt duidelijk wie welke rol vervult in het geheel. De leiders komen vanzelf bovendrijven. En ongemerkt groeit er een geheel dat méér is dan de som der delen.

De dynamiek van krachten, zoals hierboven beschreven, is evengoed van toepassing op de verschillende krachten binnen jezelf. Lees voor 'individu': deel van jezelf met een eigen wil, subpersoonlijkheid. Lees voor 'groep': het samenspel van de subpersoonlijkheden. Het thema van de kaart is dan: hoe ga je om met de verschillende delen van jezelf?

Staven Zes

De leider, die in de vorige kaart nog ontbrak, is hier opgestaan. De man op het paard wordt geëerd met lauwerkransen en toegejuicht door een enthousiaste groep volgelingen en bewonderaars. Het is heel mooi als jouw kwaliteiten worden erkend en gewaardeerd. Meestal gebeurt dat als je iets kunt wat anderen niet of minder goed kunnen. Dan krijg je als vanzelf een voortrekkersrol. Anderen nemen jou als voorbeeld en in hun bewondering weerspiegelen zich hun eigen persoonlijke wensen en idealen. Het kan hier simpelweg gaan om de waardering die je krijgt. Misschien word je in het zonnetje gezet. Kun je zoveel positieve waardering ook ontvangen of ben je er juist op uit?

Het getal zes duidt hier op de harmonie tussen het individu en de gemeenschap. Uiteindelijk draagt elke individuele inspanning bij aan het geheel van de mensheid. Maar niet iedereen wordt gehuldigd. De huldiging zegt niet alleen iets over de waarde van degene die op het paard zit, maar ook over de verwachtingen, idealen, normen en waarden van de mensen die hem toejuichen. Als jouw prestaties daarmee in overeenstemming zijn, krijg je veel bevestiging.

Het element vuur vinden we niet alleen terug in de inspanningen van de held op het paard, maar ook in het enthousiasme van zijn volgelingen. Hij is een symbool geworden. Als een landgenoot wereldkampioen wordt, dan is hij ineens heel nadrukkelijk 'één van ons'. Het succes van de held straalt af op zijn supporters, die zich óók beter gaan voelen.

Elke beroemdheid weet dat reputaties wankel zijn. Vandaag word je geëerd, morgen verguisd. De voorkeuren van mensen veranderen even snel als de mode. Je reputatie kan een dwangbuis worden, waarin je gedwongen wordt om de rol te spelen, die anderen van je verlangen. Zolang die rol jou past, is er niets aan de hand en is alles harmonisch. Maar de mensen veranderen, jij verandert. Het element vuur kan nooit lang op één plaats blijven. Net als bij Staven Vier is het feest een momentopname. Morgen gaat het leven weer gewoon verder. Vergroei niet met de rol die je speelt. Laat je niet leven door de verwachtingen van anderen. Geniet van het moment en ga met versterkt zelfvertrouwen verder, op weg naar nieuwe uitdagingen.

Staven Zeven

Deze kaart is in veel opzichten de tegenpool van de vorige. Onze held wordt nu niet meer geëerd, maar bedreigd. Bij de vorige kaart bleek al, hoe klein het verschil kan zijn tussen bewondering en verguizing. Zes staven steken dreigend omhoog naar de man, die zich op een hoge plaats heeft teruggetrokken om zich te verdedigen. Hij gebruikt zijn staf (zijn energie, zijn wil) om zijn territorium veilig te stellen. Het getal zeven duidt op individualisme, wat wel past bij het element vuur, omdat het uiteindelijk individuen zijn, die de inspiratie van het element dragen. Vuurtypes zijn pioniers. Ze zien mogelijkheden in de toekomst, die vaak op gespannen voet staan met de bestaande orde en haar belangen. Nieuwe visies roepen vaak in eerste instantie angst en weerstand op omdat ze uitdagend zijn. Het volgen van jouw persoonlijke idealen brengt je haast per definitie op moeilijk begaanbare wegen. Sterker nog: er is nog helemaal geen weg, want jij bent de eerste die het nieuwe terrein betreedt. Denk aan wat gezegd is bij de Zegewagen (óók het getal zeven): je bent een speerpunt van de evolutie. Er is nog niemand geweest zoals jij en dus verken je nieuw terrein, hoe klein dat ook moge zijn of lijken. Verwacht niet dat je meteen begrepen wordt. Je baant je een weg, die later door anderen betreden kan worden. Ze zullen leren zowel van je successen als van je mislukkingen.

Je mag al blij zijn dat je tegenstand krijgt, want dat betekent dat je wordt opgemerkt. Je raakt iets in anderen, anders zouden ze niet reageren. Zie de tegenstand die je krijgt als een toetsing. Elk nieuw idee zal haar waarde in de praktijk moeten bewijzen. De bezwaren en weerstanden die je ontmoet, zijn als het ware vragen, die een constructief antwoord verlangen. Zo kan het spannende spel tussen het nieuwe en het oude, tussen het ideaal en de weerbarstige werkelijkheid tot waardevolle resultaten leiden.

Het gevaar bestaat, dat de posities zich verharden. Dat je je verongelijkt terugtrekt op je eigen territorium en de uitwisseling tot een einde komt. Je gaat vechten voor je eigen gelijk. Je verhardt in je standpunten en tenslotte herhaal je steeds hetzelfde liedje. De laatste fase van dat proces is, dat uiteindelijk niemand meer reageert en dan ben je pas echt eenzaam. Het kan ook zijn dat je tenslotte maar toegeeft om geaccepteerd te worden. Dat kan dan weer ten koste gaan van je zelfrespect.

De man op de kaart draagt twee verschillende schoenen, wat betekent dat hij innerlijk verdeeld is. Het spanningsveld speelt dus niet alleen tussen hem en zijn omgeving, maar ook binnen zijn eigen persoonlijkheid. Hoe belangrijk is jouw ideaal of visie voor jezelf? Is het zó belangrijk, dat alles ervoor moet wijken? Wat eis je dan van jezelf en is dat nog wel gezond? Luister naar je weerstand, je vermoeidheid, je pijn. Ga er mee in dialoog. Leer om tevreden te zijn met wat redelijkerwijs haalbaar is en vermoei je niet met onmogelijke doelen en ambities die nooit te verwezenlijken zijn.

De meest fundamentele les van het getal zeven is om trouw te blijven aan jezelf. Als je de buitenwereld nodig hebt als bevestiging dat je wel oké bent, verzwak je tenslotte jezelf omdat je je te afhankelijk opstelt. De echte bevestiging die je zoekt zul je niet vinden door je steeds maar aan te passen aan de verwachtingen van anderen, maar door je eigen waarheid rustig en duidelijk te zeggen. Nodig ook anderen uit om dat te doen. Dan kan blijken dat de tegenstellingen lang niet zo onverzoenlijk zijn als ze lijken.

Staven Acht

Geen mens te zien op deze kaart. Acht staven vliegen evenwijdig aan elkaar door de lucht. De aarde neemt maar een klein deel van de ruimte op de kaart in beslag en ziet er bijna precies zo uit als de aarde op de Aas van Staven.

We zien hier het element vuur in zijn onpersoonlijke werking. Op de vorige kaarten werden de staven stevig ter hand genomen, wat betekent dat de bezitters van de staven zich met hun persoonlijkheid en hun wil vereenzelvigden met hun staf. Een uitzondering was Staven Vier, waar de gunstige mogelijkheden gratis beschikbaar waren. Het element vuur nodigt sterk uit om je ermee te identificeren. Het wordt jouw idee, jouw plan, jouw wil, jouw persoonlijkheid. Bij de vorige kaart hebben we gezien tot welke conflicten en tegenstellingen het kan komen als verschillende visies botsen.

Denk nog eens aan de Magiër, die de vrije beschikking heeft over elk element. Hij gebruikt de elementen, maar identificeert zich er niet mee. Waar komen jouw idealen vandaan? Zou je ze echt zelf bedacht hebben? Ik denk het niet. Als we het element vuur begrijpen als het vermogen om mogelijkheden waar te nemen, dus te zien wat er nog niet is, kan ik me voorstellen dat al die mogelijkheden al bestaan! Ze kunnen alleen maar werkelijkheid worden als ze waargenomen worden en als iemand zijn energie en zijn wilskracht er aan geeft om ze te realiseren. Als je het zo bekijkt begint de inspiratie van het element vuur in het waarnemen van mogelijkheden, die ook zonder jou bestaan. Wat we op de kaart zien is het objectieve bestaan van die mogelijkheden. Sommige initiatieven lijken hun tijd mee te hebben. Je ontmoet plotseling mensen met dezelfde ideeën als jij. Je vindt toevallig de informatie die je zoekt. De omstandigheden lijken samen te werken om iets mogelijk te maken. Als je daar deel van uit maakt, kan je energie vrij stromen. Je zoekt niet, maar je vindt. Zonder veel (overbodige) inspanning komen de dingen tot stand. Dat betekent dat je goed bent afgestemd op mogelijkheden die heel reëel zijn en al bijna op aarde zichtbaar worden. De aarde blijkt een vruchtbare voedingsbodem te zijn voor het nieuwe. Sterker nog: de aarde verlangde ernaar! Het is een antwoord op een behoefte!

Zo kunnen we werken met het element vuur: afgestemd zijn op de wereld van de mogelijkheden, gewillig om onze energie er aan te geven, dienstbaar aan de aarde om tegemoet te komen aan werkelijke behoeftes. Dan wordt de identificatie met het element vuur geen ego-trip om jezelf en je gelijk te bewijzen. En op wonderbare wijze valt de weerstand weg. De hemel zoekt de aarde en de aarde zoekt de hemel. Wij maken deel uit van beide werelden en vormen er de levende verbinding tussen. We zijn, als de Magiër, energiegeleiders, omzetters van idee in werkelijkheid.

Staven Negen

In de voorgaande reeks hebben we gezien hoe het element vuur in ons zich vertaalt in plannen en ondernemingen die gericht zijn op het realiseren van mogelijkheden. Daarbij is het nodig dat we er achter gaan staan en ons vereenzelvigen met wat we willen. Dan kunnen we met ons enthousiasme en onze overtuigingskracht krachten mobiliseren om ons ideaal te verwezenlijken. Maar we leven en werken niet in een vacuüm. Onze initiatieven en inspanningen kunnen pas succes hebben als ze aansluiten bij de aardse werkelijkheid. Dat kan een concrete behoefte zijn, die ons initiatief verwelkomt als een echte, constructieve oplossing. Of het kunnen geestverwanten zijn, die onze ideeën aanvullen en meehelpen ze te verwezenlijken.

Bij de even getallen in de stavenreeks zijn die gunstige omstandigheden aanwezig en kan de energie vrij stromen. De kracht van het element vuur kan dan constructief en scheppend zijn, omdat er harmonie is met de aarde, de concrete werkelijkheid. Toch kan het element vuur niet al te lang op één plaats blijven. Het zoekt van nature nieuwe werelden en verbrandt zodoende de schepen achter zich.

Bij de Vijf en de Zeven zien we hoe je als individu alleen kunt komen te staan. Je ontmoet tegenkrachten. Je wordt afgeremd door de trage weerstand van de aarde, de bestaande werkelijkheid. Je wordt getest op je overtuigingskracht.

Bij Staven Negen vinden we de ultieme test. De man op de kaart staat alleen in een verdedigende houding. Hij is gewond aan zijn hoofd en heeft dus al eerdere confrontaties achter de rug. Zijn 'goede bedoelingen' zijn niet in goede aarde gevallen. Zijn 'gelijk' is niet begrepen. Hij heeft veel weerstand ontmoet en die was zó sterk, dat hij in de confrontatie wonden heeft opgelopen. Je kunt hier denken aan miskende genieën of kunstenaars, die vernieuwend werk deden, maar die werden verguisd of (nog erger) genegeerd. Toch bleven ze standvastig. Hun werk wierp pas na hun dood de vruchten af, dat het verdiende.

In negatieve zin is hier sprake van een tragische isolatie. Het element vuur vindt geen aansluiting met de aarde. Het vindt geen constructieve uitweg en neemt negatieve vormen aan. Als je je niet begrepen of gezien voelt, als je weerstand tegenkomt, als iedereen tegen je lijkt te zijn, wat betekent dat dan? Is het dan niet tijd om de haalbaarheid van wat je wilt te onderzoeken? Moet je dan niet kijken of jouw 'goede bedoelingen' wel aansluiten bij een echte behoefte? Hoe communiceer je? Kun je nog luisteren naar andermans verhaal of hoor je alleen nog maar jezelf?

Vuurtypes zoeken niet graag de schuld bij zichzelf. Als ze weerstand ontmoeten, ligt dat aan de omgeving. Maar weerstand kan een belangrijke boodschap voor je zijn, die je helpt om de aarde beter te leren kennen, waardoor je vuur effectiever zou kunnen worden. Als je de weerstand interpreteert als tegenstand en er een persoonlijke zaak van maakt, treedt er verharding op en je vervreemdt van datgene wat je zou kunnen voeden. Dan blijft er alleen een misplaatst soort trots over. Die trots roept dan weer weerstand op en zo is de cirkel rond. In het proces vernietig je datgene wat je zou kunnen voeden. Je projecteert je frustratie op een domme buitenwereld die het niet begrijpt. In jezelf hoopt de negatieve energie zich op en kan zich gaan vertalen in verkramping, verharding, agressie, uitputting en tenslotte ziekte en dood. De enige manier om uit de negatieve spiraal te komen, is je identificatie loslaten met jouw 'missie'. Als je daar tenminste toe bereid bent.

Staven Tien

Alles wat er bij Staven Negen is gezegd, is ook hier relevant. De spanningen hopen zich op en de weg naar het doel wordt steeds zwaarder. De man op de kaart torst moeizaam zijn tien staven, maar het doel is in zicht. In de voorgaande kaarten ging het steeds over de vraag hoe nieuwe mogelijkheden (vuur) werkelijkheid (aarde) worden. In onszelf ervaren we het begin van dat proces (Staven Aas) als geestdrift. We worden gegrepen door een ideaal, scheppende energie wordt in ons wakker die aan de slag wil. Tijdens de verwezenlijking van onze idealen en doelen ontmoeten we een complexe werkelijkheid, die ons dwingt (of liever uitnodigt) om ons aan te passen aan bestaande behoeften en concrete mogelijkheden. Het doel wordt complexer en valt uiteen in kleinere doelen.

Stel, je wilt muziek maken in een groep. Je hebt je ideeën over de ideale groep. Je hoort nu als het ware al de muziek die je straks wilt maken. Dan komen de moeilijkheden. Misschien vind je de juiste mensen niet, misschien is er gebrek aan een goede oefenruimte, of de muziek is wat je wenste maar het succes blijft uit. Al die problemen roepen weer nieuwe vragen op die om oplossingen vragen. Al je energie kan verdwijnen in de moeizame relatie met een medespeler of in het vinden van een repetitieruimte. Je kunt het gevoel krijgen dat je je bezig moet houden met allerlei zinloze details, waardoor je niet toekomt aan het oorspronkelijke doel. In de kern is dit een proces waar je niet omheen kunt. Het hoort gewoon bij de natuurlijke processen waarin doelen verwezenlijkt worden en idealen vorm krijgen. Het uiteindelijke resultaat zal altijd in zekere zin minder zijn dan het oorspronkelijke ideaal, omdat het nu eenmaal verwezenlijkt moest worden in een situatie met beperkte mogelijkheden. Maar het kan óók méér worden! Onderweg ontmoet je geestverwanten die je helpen om jouw idealen nóg completer te maken. De confrontatie met de aarde leert je om goed te kijken naar de behoeften die er zijn en je daar op af stemmen. Daardoor krijgen je idealen meer inhoud. Je komt mensen tegen die zich door jou laten inspireren en je hun steun geven, waardoor je vuur nog eens extra gevoed wordt. Het hoeft niet noodzakelijk een lijdensweg te zijn. Het kan een weg zijn vol vreugdevolle, geïnspireerde, voedende ontmoetingen.

Het is tijd om de balans op te maken. Wat was je oorspronkelijke ideaal? Is dat nog relevant of is het al achterhaald? Als het nog relevant is, ben je er nu nog effectief mee bezig of gaat je energie verloren in onbelangrijke details en subdoelen? Hoe reageert je lichaam (jouw aarde!) op alle inspanningen? Stroomt de energie nog vrij? Of hoopt ze zich op in pijnlijke spanningen of ontlaadt ze zich in agressieve uitbarstingen? Hoe uitgeput ben je?

Het is tijd om nieuwe doelen te stellen. Daarbij kun je profiteren van de ervaringen, die je in het verleden hebt opgedaan. Maak je los van wat teveel van je energie opzuigt, zodat je ruimte maakt voor nieuwe mogelijkheden.

De Schildknaap van Staven

De Schildknaap maakt voor het eerst kennis met (nieuwe aspecten van) het element vuur. We zien hem op de kaart met volle aandacht naar zijn staf kijken, waaraan zijn ideeën ontspruiten. Hij is een waarnemer van nieuwe mogelijkheden. Hij kan naar binnen kijken en dan ontdekt hij zijn eigen onbegrensde mogelijkheden. In ieder van ons schuilen de kiemen van wat en wie we zouden kunnen zijn. Gedurende ons leven vallen er voortdurend mogelijkheden af: de hobby die we hebben laten vallen, de vrouw met wie we niet getrouwd zijn, de reis die nooit doorging, de school die we niet hebben afgemaakt. En toch is elk moment van ons leven, hoe oud of jong we ook zijn, zwanger van de mogelijkheden. Als we ze maar zien.

De Schildknaap heeft een rode veer op zijn hoed, net als de Zot en het kind van de Zon. Die veer tekent hem als het vrije, spontane kind in ons, dat van nature nieuwsgierig en ondernemend is en geniet van het spel van de verbeelding. Het kind in ons is de drager van alles wat we kunnen zijn en zolang het kind in ons leeft, zullen we geboeid zijn door het leven en ons voortdurend blijven ontwikkelen.

Als de Schildknaap naar buiten kijkt, ziet hij een wereld vol verrassingen en mogelijkheden. Het kan een gevoeligheid zijn voor nieuwe trends, die je al vroeg herkent en oppikt. Het kan de creatieve blik zijn van de kunstenaar, die in een stuk afval een bijzondere waarde ziet. Het kan de vorm aannemen van een goed improvisatietalent, waardoor je van elke situatie nog wel iets boeiends kunt maken. Het is mogelijk dat je profetische inzichten hebt of vernieuwende boodschappen de wereld in stuurt.

Wijzere volwassenen glimlachen vaak meewarig om de bevlogen ideeën van de Schildknapen van Staven. Ze worden idealisten en zwervers genoemd met een schromelijk gebrek aan realiteitszin.

Het wachten is op de ontnuchtering. Inderdaad kan het allemaal erg vrijblijvend en oppervlakkig blijven. Je kunt blijven hangen in dromen die nooit werkelijkheid worden. Je kunt bij een ontnuchtering onmiddellijk weer vluchten in een ander onbereikbaar ideaal, zodat je nooit echt op aarde hoeft te komen. Alle schildknapen staan echter met twee voeten op de aarde. Ze kunnen hun element alleen maar beter leren kennen door er mee bezig te zijn in de realiteit waar ze zich bevinden.

Ridder van Staven

De Ridder van Staven is één en al vuur. De vlammen lijken uit zijn harnas te slaan. Op zijn kleed zien we salamanders: de traditionele bewoners van het element vuur. Ook zijn paard straalt de kracht uit van het element. Alle ridders zijn ondernemend en trekken met hun paard de wereld in om hun element uit te dragen en nieuwe werelden te veroveren. De dadendrang van de Ridder van Staven is wel èrg groot! Hij heeft zijn paard nauwelijks in bedwang. Hij houdt de teugels strak, waardoor het paard steigert. Je kunt je afvragen of het hem wel zal lukken om in het zadel te blijven.

Zijn grootste kracht is een hartverwarmend enthousiasme. Hij kan een initiatiefnemer zijn, die moedig de hindernissen te lijf gaat, waar anderen voor terugschrikken. Hij laat zien dat alles mogelijk is, als je maar durft. In schijnbaar onmogelijke situaties ziet hij nog perspectieven. Zijn doel kan heel ver weg liggen, maar dat schrikt hem niet af. Hij leeft op uitdagingen, want het schijnbaar onmogelijke prikkelt hem juist.

Als we onze energie kunnen richten op dingen waar we met hart en ziel achter staan, geeft dat een extra stoot energie. Als we dan ook nog medestanders vinden, laait het vuur nòg hoger op. Dan zijn er grote dingen mogelijk, maar er kan óók veel misgaan.

Het vraagt om veel beheersing en wijsheid om zoveel energie te hanteren. Teveel energie kan ook vernietigend werken. De Ridder van Staven bevindt zich in een heet geblakerde woestijn. De woestijn is een plek, waar de kracht van het vuur (zon, warmte) alle water (dat wat leven geeft) verdampt, zodat er haast geen leven mogelijk is. Je kunt je in je avonturendrang zó ver in onbekend gebied wagen, dat je ineens ontdekt, dat je nergens meer door gevoed wordt.

De Ridder trekt de teugels strak aan, waardoor het paard steigert. Misschien herken je daarin je pogingen om je energie onder controle te houden, bang voor wat er kan gebeuren als je de teugels laat vieren. Zoek dan een uitweg uit de spanningen, die zich ophopen. Wacht niet te lang, want krampachtig vastgehouden energie kan exploderen en destructief zijn.

Elk element 'ontspoort' als het niet meer in harmonie is met de andere elementen. Identificeer je niet bovenmatig met je idealen: je hebt ze ook maar gekregen. Zoek niet alleen de bevestiging van je eigen gelijk, maar stel je dienstbaar op. Geef je energie daar waar het ook echt nodig is. Heb oog voor de andere elementen, die je kunnen voeden.

Koningin van Staven

Net als de andere koninginnen is de Koningin van Staven helemaal thuis in haar eigen element. Haar troon is versierd met leeuwen en zonnebloemen. De leeuw kennen we van de Kracht (kaart XI), waar hij als koning der dieren staat voor de wijsheid van het lichaam en haar instincten. Ook de zwarte kat op de voorgrond duidt op een sterke intuïtieve wijsheid. De zonnebloemen kennen we ook van de Zon (kaart XIX). Als de plantaardige vertegenwoordiger van het element vuur staat de zonnebloem voor de harmonie tussen hemel en aarde.

We zien het element vuur hier op een bijzonder verfijnd niveau. De heftigheid van het element wordt op een koninklijke manier (de leeuw) beheerst. De warmte van het vuur is getemperd en voedend voor de aarde (de zonnebloemen). We zien hier ook niet de dadendrang, die zo kenmerkend is voor veel stavenkaarten. De Koningin zit rustig op haar troon in haar eigen domein. Ze doet denken aan Hestia, de Griekse godin van huis en haard. In een haard bevindt zich getemperd vuur, dat het huis warm houdt. Het is de plek, waar je naar terugkeert, als je weg bent geweest. De bron van warmte, gezelligheid, voeding, ontspanning.

De energie van het element is hier niet gericht op doelen ver weg, maar op het meest nabije. De Koningin kijkt niet (ver) naar buiten, maar houdt voeling met haar innerlijke bron van vuur: haar intuïtieve wijsheid. De energie wordt gebruikt om een krachtig centrum te creëren waar rust is en voeding. Daarin ligt tevens haar beperking. Ze gaat in alles van zichzelf uit, waardoor haar blik beperkt en subjectief blijft. Ze kan eigenzinnig zijn, zoals een kat, die zich door niets laat dwingen.

Doordat de energie gericht is op de instandhouding en de bescherming van het nabije (je eigen territorium, je veiligheid, je dierbaren), bestaat de mogelijkheid, dat de Koningin zich terugtrekt binnen haar grenzen en niemand meer toelaat. Ze kan haar directe omgeving overmatig domineren of heel bezitterig worden. Maar op zijn best is ze de gulle gastvrouw, die anderen laat delen van haar warmte en doordat ze gasten heeft, blijft ze in contact met de wereld om haar heen.

In haar hoogste betekenis staat het element vuur voor de energie die de hemel op aarde brengt. De Koningin heeft de wijsheid om te beginnen bij zichzelf en haar directe omgeving. Daardoor creëert ze een soort van hemels eilandje, misschien middenin de woestenij, dat warmte en licht uitstraalt en waar anderen zich in kunnen koesteren. Dat mag klein en onbeduidend lijken, maar misschien zijn het 'zaden' van mogelijkheden, die tot iets groots kunnen uitgroeien. Centra van licht en warmte kunnen van grote betekenis zijn voor de wereld. Eén kaars kan een grote ruimte verlichten.

Koning van Staven

We hebben hier te maken met een bijzonder krachtige persoonlijkheid. Alle Koningen beheersen hun element en geven er hun eigen inhoud en richting aan. De bundeling van de energie van het element vuur kan leiden tot grote daden of gevaarlijke extremen. Eén ding is zeker: de Koning van Staven weet wat hij wil. En omdat hij (anders dan de Koningin) zijn energie naar buiten richt, weet hij het óók voor anderen. Hij kan de gangmaker zijn achter een vernieuwend project. Hij heeft een sterke overtuigingskracht en een visie die inspireert en mobiliseert. Zijn kracht straalt af op wie hem volgt.

Zijn energie is gericht op het realiseren van mogelijkheden. Eigenlijk leeft hij in de toekomst. Alles wat er hier en nu is, is voor hem slechts een middel om te komen waar hij wezen wil. Wat hem helpt bij het bereiken van zijn doel, aanvaardt hij en daar werkt hij mee. Alles wat hij niet kan gebruiken, laat hem onverschillig. Daardoor kan hij zich heel goed concentreren op hoofdzaken en dus bijzonder efficiënt zijn. Dit zijn de mensen, die de toekomst werkelijkheid maken en die anderen laten zien wat er mogelijk is, omdat ze zich helemaal identificeren met hun doel. Voor anderen kunnen ze functioneren als voorbeeld, omdat ze hun idee consequent leven.

In de extremen schuilen de gevaren. De identificatie met je doel kan je blind maken voor wat dichtbij is. Wat je beschouwt als bijzaak en dus meent te kunnen negeren, kan later een hoofdzaak blijken te zijn, die je hele onderneming kan ondermijnen zonder dat je het in de gaten hebt. De heilige overtuiging van je eigen gelijk kan je blind maken voor zinvolle feedback van anderen. Je kunt overgevoelig worden voor kritiek en elke tegenwerping interpreteren als een persoonlijke aanval. Je houding is, dat weerstand per definitie overwonnen moet worden, maar in de weerstand die je tegenkomt, schuilt vaak juist nuttige informatie, die je kan helpen om je beter af te stemmen op de werkelijkheid zoals die is. Zo hou je ook contact met wat je voedt.

In het ergste geval kan de Koning van Staven vernietigend zijn. Hij werpt de bestaande orde omver zonder er iets constructiefs voor in de plaats te geven. Hij verslaat zijn vermeende tegenstanders, die zijn vrienden hadden kunnen zijn.

Het element vuur in zijn hoogste verfijning draagt de kiemen van de toekomst. Wie in contact staat met de meest verheven mogelijkheden van menselijke waarde en scheppingskracht, vertegenwoordigt de hemel op aarde. Je trekt de situaties waar jouw inspiratie nodig is, vanzelf aan. Als je dat herkent, hoef je niets te bewijzen: alleen maar te zijn. Je hoeft niet te vechten: stel je gul en dienstbaar op. Je hoeft niet te overtuigen: toon je betrokken en luister naar de vragen die je gesteld worden. Dan herken je vanzelf de plekken op aarde, waar je vuur mag stralen en waar de kiemen die je zaait, gevoed worden door aarde, lucht en water.

5.2. De Zwaarden

Zwaarden Aas

Bij alle Azen zien we een hand uit een wolk komen, die het element presenteert. Meestal wordt die hand gezien als de hand van God, die het element als een geschenk aanbiedt. De Magiër krijgt de elementen eveneens aangeboden als gereedschappen, die vóór hem op de tafel liggen. Je zou dan de hand op de Azen kunnen zien als de hand van de Magiër, die het element voor het eerst gaat gebruiken en zijn scheppende werk begint. Om nog even bij de Magiër te blijven: hij krijgt zijn ideeën van boven en realiseert ze beneden. Hij is een kanaal voor scheppende energie. De elementen kun je dan zien als onderdelen of stadia van het scheppingsproces (zie H.3.2.). De ijle energieën van vuur en lucht staan nog dicht bij de hemel (de wereld van de ideeën en de mogelijkheden) en de weg naar de aarde is nog lang. De dichtere energieën van water en aarde bevinden zich al meer in het domein van de fysieke wereld, wat op de betreffende Azen ook herkenbaar is.

Het zwaard zien we hoog in de lucht verschijnen boven een bergachtig landschap, waar geen leven te zien is. Denk hierbij aan het berglandschap, waar de Kluizenaar (kaart IX) en de Zot (kaart 0) vertoeven: de wereld van de geest. Het zwaard is omhoog gericht en functioneert als een soort antenne, die de ideeën in de geest waarneemt en vervolgens vertaalt in gedachtenstructuren, die de fysieke werkelijkheid zullen vormen. De punt van het zwaard bevindt zich in een ronde, gouden kroon, waaraan takken en bladeren hangen. Dit beeld vertelt ons, dat in die abstracte wereld van ideeën de natuurlijke vormen al aanwezig zijn. Het scherpe, mannelijke zwaard ontvangt zijn inspiratie uit een kroon die rond, dus vrouwelijk, is. Wat rond is, verbindt en maakt heel. Dat betekent dat de hoogste inzichten niet scheiden, maar verbinden. Ze komen uit een sfeer die het persoonlijke transcendeert.

Het gaat hier om de realisatie van de meest kernachtige helderheid en waarheid, die mogelijk is. Het is een doorbraak van inzicht: zie ook de yod-druppeltjes op de kaart. Paradoxaal genoeg zijn de hoogste inzichten zeer moeilijk in woorden te vangen. We gebruiken dan liever beelden, zoals in de tarot. Ook kunstenaars, dichters en mystici spreken over de hoogste waarheid in beelden. Het vormen van beelden en vervolgens de vertaling van beelden in woorden is de eerste subtiele fase van elk scheppingsproces. Woorden, concepten, paradigma's en theorieën zijn per definitie vertalingen, interpretaties, benaderingen.

Toch is het nodig dat je je meest geïnspireerde ideeën vertaalt in praktische inzichten, die een leidraad zullen vormen voor de keuzes die je in je leven maakt. Hoe helderder je begrip, hoe scherper je inzicht, hoe beter je in staat zult zijn om je leven richting te geven en je ideeën te realiseren in de praktijk van alledag. Tijdens dat proces maken we ons een bovenpersoonlijke waarheid eigen en identificeren ons ermee. Daardoor kan de illusie ontstaan dat wij zelf de bron zijn van

die ideeën. We kunnen zelfs het 'bezit' van die ideeën claimen. Toch zijn we geen eigenaar van de bron van ideeën: hoogstens zijn we eigenaar van onze persoonlijke interpretaties ervan.
Het gaat bij de Aas van Zwaarden om de grootst mogelijke zuiverheid. Hier bevinden zich de kiemen van de toekomst, want zoals we denken, zo worden we. De geboorte van nieuwe inzichten is een subtiel proces, dat meer een kwestie is van ontvangen dan van actief scheppen. Maar de vertaling ervan, het uitspreken van onze waarheid en de keuzes die we van daaruit maken: dat is wél een scheppend proces! Onze inzichten kunnen weerstand ontmoeten of onbegrip. Onze keuzes kunnen worden bestreden en getest. Dan moeten we sterk staan in onszelf, want we zijn allemaal de unieke ontvanger en uitvoerder van een (stukje) waarheid. Daarin ligt de basis van onze persoonlijke verantwoordelijkheid.

Zwaarden Twee

Het scheppende proces, dat begint bij het ontvangen van een inzicht en eindigt bij de concrete realisatie van ideeën, verloopt van éénheid naar veelheid, van eenvoud naar complexiteit. We kunnen het met elkaar eens worden over 'principes', maar al gauw zullen er verschillen optreden in de manier waarop ieder voor zich die principes begrijpt en toepast. Je kunt besluiten, dat je aan vakantie toe bent en vrijwel onmiddellijk doen zich een aantal alternatieven voor waaruit je kunt kiezen. Elk filosofisch systeem (religieus, esoterisch of wetenschappelijk: dat maakt niet uit) gaat uit van de één of andere dualiteit.
De bron van het element lucht is waarheid die verbindt en heel maakt. De uitwerking en de toepassing ervan maakt dat wat uit de bron komt, persoonlijk, uniek, specifiek. De bron is onbewust: die overstijgt de bewuste persoonlijkheid, het ego. Het ego, dat de waarheid ontvangt, maakt er meteen iets persoonlijks van, waardoor de eerste tegenstellingen al vanzelf ontstaan.
Op de kaart zien we een vrouw onbeweeglijk zitten met twee zwaarden, die ze precies in evenwicht en kruiselings voor zich houdt. Dat betekent dat de alternatieven en keuzes, waarvoor ze zich geplaatst ziet, volwaardig naast elkaar blijven staan. Ze kiest (nog) niet. Ze blijft zitten en wacht. Ze draagt een blinddoek, die haar verhindert om naar buiten te kijken maar haar tegelijk in staat stelt om naar binnen te kijken. Het water achter haar en de maan erboven duiden erop, dat de bewuste persoonlijkheid, die scheidt en keuzes maakt, hier niet actief is. Dit is de nachtsfeer, waarin de ziel spreekt. De ziel draagt haar eigen besef van waarheid met zich mee en openbaart die aan ons door middel van dromen, ingevingen of 'toevallige' gebeurtenissen. De vrouw op de kaart luistert naar binnen, naar haar ziel. Ze laat zich niet afleiden door de (schijnbare) tegenstellingen.
Als we twijfelen, hebben we de neiging om meer informatie te zoeken of om raad te vragen. We zoeken het dan buiten onszelf. Het paradoxale van een dergelijke zoektocht is, dat het aantal keu-

zemogelijkheden alleen maar toeneemt. De argumenten voor de verschillende alternatieven stapelen zich op, maar dat betekent niet noodzakelijk dat het daardoor helderder wordt. De grootste besluiten in ons leven nemen we niet op die manier. Die worden veel meer bepaald door een 'gevoel' van binnen uit. De richting die we zoeken om te kunnen kiezen, vinden we eerder in de diepte van de ziel dan in de buitenwereld. Als we niet kunnen kiezen, zeggen we dat we 'er een nachtje over willen slapen'. Goed idee: laat het maar even los, denk er niet verder over na en juist door dat te doen, ontvouwt de 'oplossing' voor ons dilemma zich haast als vanzelf.

Zwaarden Drie

De lucht op deze kaart is heftig in beroering. Wind, wolken en regen zorgen voor een grijze sfeer, waarin het zicht beperkt is. Zo is ook het denken als het met zichzelf in conflict is. De geest is vol gedachten, maar die brengen vooralsnog geen helderheid. Er is een probleem, maar de oplossing is verduisterd doordat het uitzicht beperkt is.

Drie zwaarden doorboren een rood hart. Het hart verbeeldt de ziel. Het denken is dus óók in conflict met het gevoel. Deze kaart volgt op de twijfel van de vorige kaart en beeldt het proces van het maken van een moeilijke keuze uit. Sommige keuzes gaan zó diep, dat ze je dreigen te verscheuren. Bij elke keuze gaat datgene verloren, wat je niet kiest, maar wat je toch bijzonder dierbaar kan zijn. Misschien moet je een rouwproces doormaken om los te kunnen laten wat je nog bindt. Misschien moet je het idee van mislukking of falen loslaten om ruimte te maken voor een nieuwe, frisse start met nieuwe kansen.

Het kan zijn dat je helemaal niet wilt kiezen, maar dat je het gevoel hebt alsof je tot een keuze gedwongen wordt door omstandigheden van buitenaf. Laat je dan niet verblinden door een gevoel van machteloosheid. Als je je als slachtoffer gaat gedragen, bén je het ook. Hoe moeilijk het ook te begrijpen is, je bent nog altijd vrij. De omstandigheden zijn wat ze zijn, maar jij bepaalt nog altijd hoe je ermee om wilt gaan. Je hoeft je niet verantwoordelijk te voelen voor de totale situatie, maar je bent wél verantwoordelijk voor je eigen acties en reacties.

Dit is geen situatie, die we graag meemaken. Drie is een getal van groei, maar groei betekent niet alleen maar méér worden. Om méér te worden, moet je soms eerst verminderen, afscheid nemen, ruimte maken. Drie is een getal van proces en beweging en daarin kun je maar tot op zekere hoogte de dingen vasthouden, waar je aan gehecht bent. Waarschijnlijk maken we het allemaal erger dan nodig is, omdat we niet los willen laten. Of omdat we bang zijn om pijn te voelen. Maar als we de pijn ontlopen of onderdrukken, missen we de informatie die in de pijn besloten ligt. We verzetten ons tegen het natuurlijke levensproces, omdat we het niet vertrouwen en misschien iets anders in gedachten hadden dan wat het leven ons presenteert. Zo vermoeien we ons met nodeloze zorgen om wat zou kunnen gebeuren en kleuren daarmee de toekomst zwart.

Leef bij het moment, ga om met je pijn in het hier en nu en stroom door.
De drie zwaarden, die het hart doorboren, gaan er scherp in en komen er bot uit. Als je het proces ziet als een 'zuivering', waarna je weer vrijer kunt ademen, kun je het aanvoelen als een bevrijding. Een keuze die helemaal doorleefd is, kun je achter je laten, want je weet dat je alles gedaan hebt wat in je vermogen lag. Wolken en regen zullen weer plaatsmaken voor licht en helderheid. Na de bui voelt de lucht zuiverder aan.

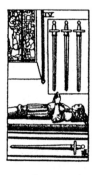

Zwaarden Vier

In de zwaardenreeks zien we bij de oneven getallen dynamische beelden vol beweging, terwijl de even getallen statische situaties uitbeelden. Op deze kaart is dat wel heel sterk het geval. De man op de kaart heeft zijn zwaarden afgelegd en ligt bewegingloos op zijn rug met de handen gevouwen. Het denken is hier in ruste. Beslissingen worden uitgesteld. De ruimte is een soort kloostercel met dikke muren, wat aangeeft dat je de oplossing van je vragen niet buiten je in de wereld zoekt, maar in je eigen binnenwereld. De gevouwen handen duiden op innerlijke overgave aan een hogere bron van inzicht. Het gebrandschilderde raam dient misschien als meditatieobject of als een inspirerend beeld, dat de geest voedt. Het is een beweging van buiten naar binnen, van veelheid naar eenheid, van dualiteit naar synthese, van complexiteit naar eenvoud. Je persoonlijkheid geeft zich over aan een hogere bron van waarheid, omdat je beseft dat je inzicht beperkt is. Je denken is open en ontvankelijk voor de inspiratie van de ziel.

Bij sommige Griekse tempels waren er afgesloten cellen, waarin men de nacht doorbracht, wachtend en hopend op een droom, die dan de volgende dag werd uitgelegd door de priesters. Hoe je daar nu zelf ook je eigen vorm aan wilt geven, het is geen slecht idee om je hoogste bronnen van inspiratie op te zoeken als het gaat om grote levensvragen.

Je kunt je voorstellen dat de persoon op de kaart straks zijn zwaard weer opneemt en de wereld ingaat met een helder beeld van zichzelf en wat hij wil, klaar om de verantwoordelijkheden te dragen die op hem af komen.

Sommige mensen zien in de figuur op de kaart een dode, die opgebaard ligt. Dat is natuurlijk de uiterste consequentie van het proces waar het om gaat. Het kan ook een mysticus zijn, die de wereld definitief achter zich laat om zich te wijden aan iets hogers. Zo kan het ook een vlucht zijn voor wereldse verantwoordelijkheden. Jij ligt daar maar, terwijl daarbuiten dingen gebeuren waar je bij had moeten zijn, waar je een rol in had te spelen, waar anderen je nodig hadden.

Tenslotte kan deze kaart duiden op een verstard denken, dat zich dogmatisch richt op één absoluut idee van waarheid. De buitenwereld met haar complexiteiten en tegenstrijdigheden wordt simpelweg afgedaan en beoordeeld volgens starre normen. Het denken is dan wel rustig en kent geen problemen, maar alles blijft statisch en dient tot niets.

Zwaarden Vijf

Na de statische Zwaarden Vier nu weer een beeld vol dynamiek. De vlagerige wolken duiden op veel beweging in de lucht: heftige, opgewonden gedachten. De figuur op de voorgrond staat er strijdvaardig bij en lijkt een gevecht gewonnen te hebben. Op de achtergrond een figuur dicht bij het water, die er verslagen bij staat. De figuur in het midden heeft de overwinnaar de rug toegekeerd en kijkt naar het water. Hij lijkt geen deel te hebben aan de strijd.

Net als bij Staven Vijf vindt hier een confrontatie plaats tussen verschillende persoonlijke visies. En aangezien het denken dualistisch is, ontstaan er onmiddellijk verschillen en tegenstellingen. Zo gaan de meeste discussies: elk argument lokt tegenargumenten uit. Elke stelling die wordt geponeerd, roept tegen-stellingen op. Objectief gezien is het een beeld van hoe wij mensen met elkaar de waarheid zoeken. Dezelfde processen zijn op alle niveaus van samenwerken en samenleven te herkennen. Een goede discussie, waarin iedereen de vrijheid heeft om een eigen mening te hebben en die te uiten, en waarin zorgvuldig wordt geluisterd naar elkaar, kan leiden tot heldere inzichten en gemeenschappelijke besluiten waar iedereen achter kan staan. Er zit veel energie in zulke processen en die energie kan constructief of destructief gericht worden.

Op de kaart zien we een beeld, dat een winnaar en een verliezer suggereert. Vanuit de persoonlijkheid, het ego, raken we al gauw verzeild in welles-nietes kwesties en spelletjes om de macht. Dan zien we alleen nog onze persoonlijke visie en de ander als tegenstander. Het samen zoeken naar objectieve waarheid raakt bedolven onder machtsspelletjes en tactieken. Je gaat je vereenzelvigen met een 'mening', die je houdt voor de waarheid. Je kunt verstarren in een onverzoenlijke houding of in onoverbrugbare tegenstellingen. De winnaars denken het grote gelijk aan hun kant te hebben en voeren het hoogste woord, de verliezers trekken zich terug en voelen zich miskend.

Ook binnen onszelf vinden dit soort confrontaties en discussies plaats tussen de verschillende delen van onszelf. Het water op de kaart suggereert dat het onbewuste, het gevoel, een grote rol op de achtergrond speelt. We mogen onze inzichten en besluiten dan graag presenteren als goed doordacht, maar onze uitgangspunten zijn vaak helemaal niet zo rationeel als we graag zouden denken. Het proces kan sterk aan kwaliteit winnen als we alle delen van onszelf een serieuze stem geven. Ook in sociaal verband is het belangrijk om te luisteren naar de niet altijd zo logische stemmen van het gevoel, want ook het gevoel is een belangrijke graadmeter om tot verdieping van inzicht te komen.

Als er een open dialoog is met aandacht voor alle verschillen en een zoeken naar objectieve waarheid, maken we deel uit van een dynamisch proces waarin elke visie op de waarheid relatief is en altijd in beweging. Het gaat dan ook minder om het vinden van de 'absolute' waarheid dan om de kwaliteit van het proces zelf.

Zwaarden Zes

Bij het harmonische getal zes weer een relatief rustig beeld. De zwaarden worden niet gebruikt en staan naar beneden gericht in de boot. De overtocht over een rivier of een groot water is een bekend symbool voor een belangrijk overgang in het leven. Een oude situatie laat je achter je, alleen de essentie kun je meenemen, en de toekomstige situatie is nog onzeker. Het denken houdt zich bezig met het afscheid nemen van oude overtuigingen en gehechtheden en droomt van een betere toekomst.

De man op de kaart stuurt een eenvoudige, platte boot met behulp van een lange stok. Hij moet omzichtig manoeuvreren met beperkte middelen. Voeling houden met de diepte van het water en de stroming. Als je de rivier ziet als de natuurlijke stroom van het leven, is de man (het bewuste ego) bezig om zich daar voorzichtig op af te stemmen. Een vrouw en een kind zitten passief in de boot. De man is verantwoordelijk voor hun veiligheid. Hij zal ze nodig hebben in de toekomst die zich ontvouwt. De bewuste persoonlijkheid (de man) heeft een intiem contact met de natuurlijke stroom van het leven en stelt zich dienstbaar op aan het vrouwelijke (het gevoel) en het kind (de kiemen van de toekomst) in hemzelf.

Met ons denken scheppen we ons een beeld van de werkelijkheid en dus ook van de toekomst. Dat geeft een gevoel van onafhankelijkheid, dat bedrieglijk kan zijn. In de kaarten die hierna volgen zullen we zien hoe we met onze beperkte ideeën tenslotte stuklopen en gecorrigeerd worden. Zolang er voeling is met de omgeving (de natuurlijke stroom van het leven) en onszelf (de vrouw en het kind in ons), kan het denken niet ontsporen in onnatuurlijke ideeën en onhaalbare toekomstplannen. Het denken is hier volgend, dienstbaar, receptief. Je dringt je ideeën niet op aan het leven, maar je laat je ideeën vormen door wat het leven je leert en laat zien. Zo komt het denken in harmonie met de natuurlijke levensprocessen en wordt erdoor gevoed. Dan groeien ook de kansen, dat de ideeën die je hebt (en krijgt), praktisch en uitvoerbaar zijn.

Deze kaart laat ons zien dat we soms méér greep op het leven krijgen door (een stuk) controle los te laten en dat we soms méér inzicht krijgen door te volgen. De orde en de harmonie die we zoeken in het leven kunnen we maar heel beperkt bewust creëren. Het is niet iets dat we aan het leven op kunnen leggen, maar het laat zich aan ons zien als we kunnen volgen en dienstbaar willen zijn aan het leven zoals het zich ontvouwt.

Zwaarden Zeven

Het denken is een typisch menselijke eigenschap. Anders dan de dieren kunnen we afstand nemen en reflecteren. Dat geeft ons een hoge mate van persoonlijke vrijheid. We kunnen denken wat we willen, we kunnen worden wie we willen zijn en onze persoonlijke plannen realiseren.
De figuur op de kaart gaat zijn eigen weg met de vijf zwaarden, die hij veroverd heeft. Hij heeft zijn persoonlijke visie en creëert daarmee zijn wereld. Het beeld lijkt veel op dat van de Zegewagen (óók getal zeven), waar de held zich verwijdert van zijn vertrouwde omgeving om zijn eigen weg te gaan, geleid door zijn persoonlijke idealen en inzichten. De figuur op deze kaart laat een soort legerkamp achter zich. Op de achtergrond zien we een groepje mensen bij elkaar, maar de hoofdpersoon is alleen. Een leger kenmerkt zich door discipline en gehoorzaamheid. Zelfstandig denken wordt slechts binnen scherpe grenzen getolereerd. Het leger kan symbool staan voor de vaak dwingende overtuigingen, die we mee krijgen uit onze opvoeding of voor de normen en waarden, die in de maatschappij dominant zijn. Op het moment dat je zelfstandig gaat denken, komen al die zo zeker lijkende overtuigingen, normen en waarden ter discussie te staan. Je kunt makkelijk in conflict komen met je omgeving als je je niet conformeert aan de 'regels'. Je kunt alleen komen te staan met jouw inzichten en de steun van je 'achterban' verliezen.
De kaart laat niet zien wie er gelijk heeft of wat de 'waarheid' is. De figuur op de kaart kan een verrader zijn, die zijn groep in de steek laat. Hij kan tegelijk de enige verstandige zijn in een groep die verstard is in een achterhaald denkpatroon. Hij kan onrust veroorzaken door zijn individualistische gedrag, maar tegelijk de brenger zijn van een verfrissende manier van kijken. Hij kan iemand zijn die taboes doorbreekt en zodoende de rotte plekken in het sociale systeem blootlegt.
Ook binnen jezelf kan het tot een conflict komen tussen 'aanpassing' en 'vrijheid'. Je wereld kan op zijn kop komen te staan als je je vertrouwde wereldbeeld en zelfbeeld loslaat en tot nieuwe ontdekkingen komt. Dat kan een gevoel van eenzaamheid geven, maar het hoort bij werkelijk volwassen worden. Jij neemt de wereld waar zoals niemand anders, jij begrijpt de wereld zoals niemand anders. Je hebt je eigen innerlijke besef van waarheid, jouw persoonlijke idealen. Dat alles kan niet tot ontwikkeling komen als je je kritiekloos conformeert om maar 'bij de groep' te horen.
In een open samenleving staan alle normen en waarden voortdurend ter discussie en wordt ieders individuele visie op prijs gesteld. Het gemeenschappelijke doel staat niet bij voorbaat vast, maar ontvouwt zich in een dynamisch proces. Daarin ben je medeschepper, gelijkwaardig aan ieder ander. In een gesloten samenleving worden andersdenkenden monddood gemaakt en wordt persoonlijke vrijheid een 'illegale' onderneming. Zo ontstaan verborgen agenda's en andere vormen van manipulatieve communicatie. We verschansen ons binnen ons eigen gelijk en gebruiken alle mogelijke middelen om onze visie door te drukken. We zeggen niet meer wat we echt den-

ken en voelen, de communicatie verstart. De groep valt uiteen in angstige individuen die zeggen wat ze denken dat ze moeten zeggen. Dat is pas eenzaam!

De paradox van de situatie is, dat wanneer je je eigen waarheid duidelijk en helder zegt en open staat voor reacties, je niet meer eenzaam bent. In de uitwisseling en de open confrontaties die daaruit volgen, word je gevoed door inspirerende ontmoetingen, waar je weer van leert. Als je beseft dat je eigen visie zowel haar unieke waarde heeft als haar beperkingen, wordt het zoeken naar absolute waarheid een open proces, waarin verschillen eerder stimulerend werken dan tot onoverkomelijke hindernissen hoeven te leiden.

Zwaarden Acht

Met ons denken creëren we een mentaal beeld van de wereld en onszelf, dat we vervolgens voor de werkelijkheid houden. Dat mentale zelf- en wereldbeeld kun je je voorstellen als een soort structuur, waarvan je belangrijkste overtuigingen de basis vormen. Als je gelooft dat je talentrijk en succesvol bent, zul je je daarnaar gedragen. In de situaties die je tegenkomt, zul je kansen zien om je overtuiging waar te maken. Je verzamelt mensen om je heen die jou bevestigen in je zelfbeeld. Je maakt plannen en koestert ideaalbeelden, waarin jouw zelfbeeld optimaal tot ontwikkeling komt. Zo creëert jouw overtuiging je (de) werkelijkheid. Het is een scheppende kracht.

Toch moeten we ons niet al te veel voorstellen van de helderheid en de samenhang van onze ideeën en overtuigingen. Onze diepste overtuigingen zijn we ons vaak maar gedeeltelijk bewust. Ze zitten zó diep, dat ze nooit ter discussie staan of opnieuw overwogen worden. Misschien heb je je vader ervaren als onbetrouwbaar en heeft zich de overtuiging vastgezet dat alle mannen onbetrouwbaar zijn. Het is een overtuiging, geboren uit pijn en angst. Het vervelende is, dat ook dit soort overtuigingen onze werkelijkheid scheppen. Je wens om geen onbetrouwbare mannen te ontmoeten is net zo scheppend als je angst en je verwachting dat dat wél zal gebeuren. En dus vind je ze steeds op je pad.

Sommige overtuigingen sluiten beter aan bij de werkelijkheid dan andere. Het ligt er ook aan of we in staat zijn om te leren van onze ervaringen. Of we bereid zijn om onze overtuigingen te toetsen aan wat we concreet meemaken. Als de overtuiging heel diep zit en verbonden is met sterke, basale emoties, zal er heel wat nodig zijn om ons van gedachten te doen veranderen.

Ons ego is opgebouwd uit overtuigingen en aannames over onszelf. Hoe sterker we ons daarmee identificeren, hoe minder we geneigd zijn om onze overtuigingen los te laten. Dan sluiten we ons af voor signalen die strijdig zijn met ons zelfbeeld. Daarmee isoleren we ons van een stuk van de werkelijkheid en van onszelf.

De figuur op de kaart is gevangen geraakt binnen de eigen gedachtenstructuren. De zwaarden zijn geen instrumenten meer om de waarheid te kennen, maar sluiten de figuur in. De werkelijkheid, die lang is ontkend, laat zich niet langer buitensluiten. Het water op de kaart suggereert een opkomende vloed. De heuvel op de achtergrond met de gebouwen erop zijn een goede vluchthaven, maar de figuur is ook daar van afgesneden. Dit is een moeilijke situatie, omdat je waarschijnlijk voor het grootste deel zelf de schepper bent van het probleem, maar dat niet ziet. Waarschijnlijk gaan je gedachten steeds hetzelfde kringetje rond, zie je allemaal problematische situaties om je heen en sta je niet echt open voor goede raad.

Dit is een goed moment om toe te geven dat je niet weet. Zoek niet naar al te simpele, snelle oplossingen, want waarschijnlijk stel je nog niet helemaal de juiste vraag. Durf je vragen te leven. Zie ze niet als problemen die opgelost moeten worden, maar als poorten naar een dieper inzicht. Het zwaard van het denken kan tot de hoogste en meest bevrijdende inzichten komen als het zuiver is afgestemd. Het zwaard kan ook vernietigen, scheiding brengen en problemen scheppen.

De figuur op de kaart is niet zo machteloos als het lijkt. De banden om het lichaam en de blinddoek kunnen losgemaakt worden. Tussen de zwaarden is er ruimte om weg te gaan. Je kleine waarheid achter je te laten en open te staan voor een hogere, meer omvattende, bevrijdende waarheid.

Zwaarden Negen

Als het getal negen duidt op oogst, laat deze kaart wel een erg wrange oogst zien. We komen niet uit bij bevrijdende inzichten, maar bij beklemmende gedachten en zorgen. De problemen zijn niet opgelost, maar intensiveren zich.

De kaart laat iemand zien, die niet kan slapen. De nacht is donker en de wanhoop slaat toe. Gedurende de dag, als we bij ons volle bewustzijn zijn, gebruiken we ons denken om problemen op te lossen en concrete situaties te hanteren. Op het einde van de dag kunnen alle onopgeloste problemen van de dag zich verzamelen en het bewustzijn opstuwen tot een grote activiteit, die echter tot niets meer leidt, omdat je toch niet meer kunt handelen en het juist tijd is om los te laten en andere processen het werk te laten doen. We kunnen onszelf plagen met schuldgevoelens om wat we allemaal verkeerd hebben gedaan in het verleden of met zorgen om wat er allemaal fout kan gaan in de toekomst. Die bezigheid is maar tot op zekere hoogte nuttig. Natuurlijk hoort het er bij om na een periode van activiteit terug te kijken om te zien wat je kunt leren uit je ervaringen en het is begrijpelijk, dat de dingen die 'verkeerd' zijn gegaan daarbij de meeste aandacht opeisen. Het is ook niet verkeerd om naar de toekomst te kijken en in gedachten te verkennen wat er allemaal fout kan gaan. Toch moeten we daarbij onze natuurlijke grenzen niet willen overschrijden. Schuldgevoelens kunnen voortkomen uit de illusie dat je alles 'goed' moet doen. Maar

wat jij 'goed' vindt, is niet meer dan het produkt van jouw overtuigingen. Misschien plaag je jezelf met onmogelijke eisen die je aan jezelf stelt en waaraan je onmogelijk kunt voldoen. En het willen voorkomen van alle mogelijke problemen in de toekomst is een onmogelijke opgave.
Het ego met haar gedachtenstructuren, overtuigingen, normen en waarden, overschrijdt hier haar natuurlijke grenzen. Je denken is niet almachtig. Je hoeft niet perfect te zijn, wat dat ook moge betekenen. Je zorgen kunnen heel goed voortkomen uit een wens om alles te begrijpen, alles te weten, alles te controleren. Het zwaard brengt geen helderheid meer, geen bevrijdende inzichten.
Het is tijd om los te laten. Toegeven dat je niet almachtig bent. Beseffen, dat je heel veel niet weet. Dat is niet jouw fout, maar jouw natuurlijke grens. Veel problemen verergeren zich doordat je er te krampachtig mee bezig bent en de oplossing blijft zoeken waar die niet te vinden is. Door het probleem los te laten, komt de oplossing vaak vanzelf en op een manier, die je nooit had kunnen voorzien.
Het is tijd om op je hoogste bronnen van licht en waarheid af te stemmen. Daarvoor moet het eerst stiller worden in je denken. Misschien helpt het om te bidden of te mediteren. Vóór je gaat slapen, kun je je afstemmen op een inspirerende nacht, waaruit je verfrist en met een helder hoofd wakker wordt. Vertrouw op wat er gebeurt als je loslaat. Hecht je niet aan je problemen: vaak zijn het helemaal geen problemen meer als je er anders naar kijkt. Want wat wij ervaren als een probleem, is wat wij er van maken. De meest bevrijdende inzichten komen als een geschenk op onbewaakte ogenblikken. We kunnen ze niet forceren. Maar door los te laten en onze beperkingen toe te geven, maken we de weg vrij.

Zwaarden Tien

Op de kaart zien we enerzijds de climax van een proces dat in de voorgaande kaarten al gaande was en anderzijds de doorbraak naar een nieuwe fase. De tien zwaarden die het lichaam van de man op de grond doorboren, zijn dezelfde zwaarden die in de voorgaande kaarten problemen en zorgen brachten. Met ons denken scheppen we in ons hoofd een model van de werkelijkheid en handelen vervolgens alsof het model de werkelijkheid zelf is. Dat is een scheppende bezigheid, want zo definiëren en structureren we ons leven. Op het hoogste niveau reikt het denken tot in de universele heelheid en samenhang van alles. Daar ontvangen we inspirerende en bevrijdende inzichten, die een zinvolle richting geven aan ons leven en handelen. Maar op het niveau van het bewuste ego komen we niet verder dan beperkte inzichten, die éénzijdig zijn en dus vaak meer problemen scheppen dan oplossen. Het zwaard, dat tot in de hemel kon reiken, wordt een instrument dat scheiding brengt en tegenstellingen. Er ontstaat een idee van 'goed' en 'kwaad', waarmee we onszelf en anderen soms meer kwellen dan vooruit helpen. Er ontstaat een wens om de werkelijkheid te controleren en te voegen naar ons ideale model van hoe het zou moeten zijn. Beperkte ideeën worden vroeg of laat gecorrigeerd door het leven zelf en dat is precies wat we op deze kaart zien. Op de voorgaande kaarten werd nog hardnekkig vastgehouden aan overtuigingen, die vervreemd zijn geraakt van de werkelijkheid. Hier is dat niet meer mogelijk. De situatie is nu zó ver ontwikkeld, dat het duidelijk is dat je vastgelopen bent. Je oude zelfbeeld en wereldbeeld staan te kijk als een beperkte constructie. Dit is geen oproep meer om los te laten, zoals in de vorige kaart. Dit is de situatie waarin je overduidelijk niets zinnigs meer hebt om vast te houden!

Op de achtergrond zien we een groot water: het onuitputtelijke onbewuste, het onmetelijke reservoir van leven, dat zich telkens vernieuwt. De dood is daar een natuurlijk onderdeel van. Ook gedachtenstructuren zijn een soort levende wezens: ze worden geboren en tijdens hun groei geven ze zin en richting aan de manier waarop we ons leven vorm geven. Op een gegeven moment zijn ze niet relevant meer en sterven ze om plaats te maken voor een hogere, meer omvattende waarheid. Misschien werkten je ideeën in het verleden prima in de situatie van toen en pasten ze bij de ontwikkelingsfase waarin je toen was. Maar nu is de situatie veranderd. Je bent aan een volgende fase toe. Offer je kleine waarheid, zodat je een grotere waarheid kunt bevatten.

De nacht maakt plaats voor de dag. De zon komt spoedig op. De spoken van de nacht verdwijnen en maken plaats voor helder licht. Open je ogen en kijk alsof dit de eerste dag van de rest van je leven is. In wat je dacht te kennen, zul je nieuwe dimensies zien, alsof je waarnemingsvermogen is schoongewassen. Open je ogen voor wat nieuw is in je leven. Misschien is het nog maar klein en wordt het nog overschaduwd door pijn en teleurstelling uit het verleden, maar het zal groeien door de aandacht die je er aan geeft. Doorbraken van inzicht komen nu eenmaal vaak pas in tijden van grote verwarring of na een periode van leegte en zinloosheid. Ons ego worstelt en zoekt en doet z'n best. Maar onder de worsteling bereidt de ziel haar terugkeer voor. Juist als je het echt niet meer weet en alles opgeeft, ben je ontvankelijk voor het ontvangen van een hogere waarheid, die je leven nieuwe zin kan geven.

Schildknaap van Zwaarden

De schildknaap is een leerling, een ontdekker, die nieuwe ervaringen opdoet. De Schildknaap van Zwaarden houdt zijn zwaard recht omhoog als een antenne en vangt allerlei nieuwe ideeën op, die we als vogels boven zijn hoofd in de lucht zien zweven. De kaart gaat over de kennismaking met ideeën en informatie, waarvan het nut nog zal moeten blijken. Voorlopig is nieuwsgierigheid de belangrijkste drijfveer. Het denken is nog niet belast met vooroordelen, zodat een open onderzoek mogelijk is.

Schildknapen staan met twee voeten op de aarde, wat betekent dat ze hun element leren kennen door praktische ervaring. Op de kaart is dat te zien aan de wolken, die zich van boven naar beneden verdichten. Theorieën worden getoetst op hun praktische waarde. Uiteenlopende ideeën worden vergeleken en geordend.

Alles gaat snel in de sfeer van het element lucht, zolang de ideeën zich niet vastzetten. Geruchten gaan als een lopend vuurtje. De actualiteit van vandaag is morgen al achterhaald. Het kunnen voorbijgaande modetrends zijn, waar je je mee bezig houdt. Je kunt een vracht aan informatie verzamelen en door de bomen het bos niet meer zien. Maar je kunt ook contact maken met vruchtbare ideeën, die in de toekomst aan waarde zullen winnen. De tijd en de ervaring zullen het leren.

In onze cultuur met haar overvloedige informatievoorziening is er voedsel genoeg voor nieuwsgierige Schildknapen van Zwaarden. Hoe kun je je weg vinden in de veelheid? De schildknapen hebben allemaal iets van de Zot, die onbevangen en onbevooroordeeld het leven tegemoet treedt. Dan is er ruimte voor de intuïtie, die feilloos de juiste bronnen weet te vinden. Soms ben je al aan het vinden, terwijl je nog amper beseft dat je zoekt. De vrijheid van de Zot stelt je ook in staat om niets op gezag aan te nemen en alles kritisch te onderzoeken. Het kan een heel open proces van uitwisseling zijn, waarin geen enkele waarheid of dogma van tevoren vaststaat. Wees voorzichtig met het trekken van te snelle conclusies. Eén zwaluw maakt nog geen zomer. Ideeën hebben tijd nodig om op aarde te komen en in dat proces van verdichting vindt zowel de toetsing als de realisatie ervan plaats. Wees dus geduldig. Sommige gedachten moeten rijpen voordat ze levensvatbaar zijn.

Ridder van Zwaarden

De dynamische aard van de ridder en het beweeglijke element lucht vormen hier een wel erg energieke combinatie. Het paard gaat zó snel dat het niet eens de grond meer raakt. De lucht is vol beweging. Boven zijn hoofd spelen de vogels hun acrobatische spel met de wind. De Ridder van Zwaarden stormt de wereld in met zijn idee van waarheid, het zwaard als een wapen voor zich uit stekend. Hij gaat tegen de wind in, wat veelzeggend is. Nieuwe ideeën roepen haast per definitie de weerstand op van de bestaande orde, die haar waarde bewezen heeft, maar die ook ooit begonnen is als een nieuw idee. Het staat nog te bezien of de bevlogen ideeën van de Ridder een zinnig nieuw perspectief zullen brengen. Ook als zijn ideeën in principe goed zijn, wil dat nog niet zeggen dat ze worden aangenomen.

Het gevaar is groot, dat je je hier laat meeslepen door je idee. De identificatie kan zo sterk worden, dat je alles zó interpreteert zodat het jouw overtuiging bevestigt. Iemand die bezwaren uit, noem je traag of conservatief. Als je onbegrip ontmoet, zie je dat als bewijs dat men er nog niet aan toe is. Je gunt anderen amper de tijd om hun eigen gedachten te ontwikkelen, want alles moet snel. Willen ideeën op aarde komen en gerealiseerd worden, dan kost dat tijd en moet je geduld kunnen opbrengen. Maar de kans bestaat dat je daar niet op wilt wachten en alweer bezig bent met een nieuw idee, voordat het vorige de kans heeft gekregen om te bezinken. Je kunt verwikkeld raken in onverzoenlijke tegenstellingen en een zinloze strijd om het 'gelijk'.

Toch beschrijft de kaart heel helder hoe nieuwe ideeën de wereld in komen. Er moet mensen zijn die vrij en scherp genoeg zijn in hun denken om het nieuwe inzicht op waarde te kunnen schatten. Er moeten mensen zijn die de moed hebben om de gevestigde orde ter discussie te stellen en de confrontatie aan te gaan. Ze zijn de wegbereiders en door de onrust die ze brengen, wordt de wereld wakker geschud en aan het denken gezet.

Veel hangt af van de kwaliteit van je communicatie. Ben je in staat om je ideeën helder te verwoorden, zodat je 'doelgroep' je ook echt begrijpt? Sta je open voor kritiek en praktische bezwaren? Zie je de weerstand, die je ontmoet, als uitnodiging om je ideeën grondig te toetsen of doe je alle weerstand af als dom onbegrip? Zoek je naar objectieve waarheid of wil je alleen je eigen gelijk bevestigd zien?

Koningin van Zwaarden

De lucht bij de Koningin van Zwaarden is rustig. Slechts één vogel zweeft door de lucht. Het zwaard in haar rechterhand is recht omhoog gericht, terwijl ze met haar linkerhand een gebaar maakt alsof ze spreekt. Haar rechte, rustige houding en het zwaard dat ze vasthoudt, doen denken aan de Gerechtigheid (kaart VIII). Dus misschien spreekt ze een oordeel uit of maakt ze haar inzichten kenbaar aan de wereld. Haar rust geeft een innerlijke gerichtheid aan, waardoor ze niet wordt afgeleid door de drukte om haar heen, zoals dat bij de Schildknaap en de Ridder het geval was.
Op haar best is ze zuiver afgestemd op haar innerlijke waarheid. Ze weet dat ze die alleen maar ontvangen kan en dus is ze receptief. Ze kan goed luisteren naar de mensen om haar heen en denkt daarover na.
Op haar troon en in haar kroon zijn vlinders te zien, symbolen van het element lucht. Vóór er een vlinder was, was er een rups. Die rups vrat zich vol en rolde zich toen op tot een pop. De rups staat voor onze nieuwsgierigheid naar informatie en kennis. Die moet verwerkt worden om tot een samenhangend oordeel te komen. Die verwerking is het poppenstadium. Dat is een stille fase, waarin de buitenwereld niet meer meedoet en er haast onzichtbaar, in het onbewuste, een transformatie plaatsvindt. In onze snelle cultuur wordt deze fase vaak overgeslagen, wat een hoop onrust, instabiliteit en oppervlakkigheid teweeg brengt.
In de transformatie van de rups tot vlinder vinden we een beeld van een innerlijk afgestemde besluitvorming, waarin de stemmen van het onbewuste zielenleven (dromen, gevoelens, intuïties: zie het vele water in de zwaardenreeks) serieus worden genomen. Zo kan er een integratie tussen denken en voelen, bewust en onbewust, ideaal en praktijk ontstaan, die heel maakt. Op het hoogste niveau is het zwaard een instrument dat heel maakt en daardoor bevrijdt. Dan is er geen probleem meer en geen gevecht met wat er niet zou moeten zijn, want alles wordt aanvaard en op waarde geschat.
De Koningin van Zwaarden staat in het gewone kaartspel als schoppenvrouw niet zo best bekend. Haar beperkingen kunnen liggen in een zekere kortzichtigheid als ze meent dat ze het allemaal wel weet. Dan hoeft ze niet meer open te staan voor nieuwe informatie en als ze die dan toch krijgt, doet ze er niets mee, want ze weet het al. Als je te snel je oordeel klaar hebt, stop je met kijken en denken en dat gaat dan weer ten koste van de diepgang van je inzichten. Als je niet eerlijk bent tegenover jezelf, zullen je inzichten al gauw de vorm aannemen van oordelen over anderen of over situaties. Een goede Koningin van Zwaarden zijn vraagt dan ook om heel wat wijsheid en integriteit.

Koning van Zwaarden

In essentie verschilt de symboliek van de Koning niet veel van die van de Koningin. Beiden zitten ze op een troon, versierd met vlinders, ze houden hun zwaard recht omhoog, en de lucht op de achtergrond is rustig. Voor het verhaal over de vlinders, verwijs ik naar de Koningin. We zien hier de rust van een afgewogen oordeel, dat helderheid, overzicht en inzicht geeft. Het gaat hier ook om het vermogen om gedachten over te brengen. Het terrein van de Koning van Zwaarden is dat van de communicatie, waarin hij een verbindende, maar ook een sturende functie heeft. Hij is een actieve schepper, die de wereld vormt en structureert naar zijn inzichten. Hij staat middenin de wereld en tracht invloed uit te oefenen, want hij wil dat zijn ideeën gehoord en toegepast worden. Of dat gebeurt met eerlijke overtuigingskracht of met manipulatieve middelen, is een open vraag, want het terrein van de Koning van Zwaarden is ook de strategie en de politiek. Ben je uit op waarheid of op macht? Wil je anderen overtuigen met eerlijke argumenten of wil je gewoon dat ze doen wat jij wilt?

Een zuiver gebruik van het zwaard is heelmakend en bevrijdend. Het verruimt ieders inzicht en brengt mensen samen rond zinnige uitgangspunten. Het zwaard kan ook oordelen en scheidingen maken. Je kunt heersen door te verdelen of door te verenigen. Veel hangt af van de wijsheid en de integriteit van degene die het zwaard hanteert.

Het scheppende werk van de Koning van Zwaarden bestaat uit het verwezenlijken van een idee. Ideeën worden geordend in theorieën en modellen. Als die in harmonie zijn met de natuurlijke orde, brengt de Koning van Zwaarden rust en vrede en schept hij de voorwaarden voor een harmonische wereld, waarin de mens samenwerkt met de natuur. Als zijn modellen tegen de natuur in gaan, schept hij conflict en roept steeds grotere tegenkrachten op. Denk aan al het water op de voorgaande kaarten in de zwaardenreeks. Om tot een afgewogen oordeel te komen, is het belangrijk om te luisteren naar de signalen van de ziel, die haar eigen manier heeft om te onderscheiden wat verdeelt en wal heel maakt. De binnenste kern van het scheppende is ontvankelijkheid. De kern van leidinggeven is dienen.

De kaart nodigt je uit om je hoogste waarheid te leven en in praktijk te brengen. Als je dat doet, op wat voor kleine schaal ook, is je invloed op de wereld aanzienlijk. Zeg je waarheid rustig en duidelijk en wees zo objectief als je kunt, óók naar jezelf. Wees je bewust van je beperkingen, want er is veel wat je niet begrijpt. Leer van de feedback die je krijgt, want je zou kunnen verstarren in je eigen gelijk als je niet meer luistert. Zie de natuur en ook je eigen natuur als je geliefde met wie je in harmonie wenst samen te leven en niet als een lastige tegenstander die overwonnen moet worden.

5.3. De Bokalen

Bokalen Aas

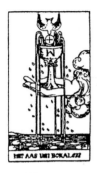

Het element water wordt op deze kaart getoond in haar meest verheven vorm. De zee onderaan de kaart is de aardse manifestatie van het element, maar het water dat uit de bokaal stroomt, heeft een hemelse kwaliteit. De witte duif, die uit de hemel neerdaalt, legt een hostie (symbool voor het lichaam van Christus) in de bokaal, waardoor het water bezield wordt met een zuivere (de kleur wit) essentie.

Water heeft bijzondere eigenschappen, waarvan we waarschijnlijk nog maar een klein gedeelte begrijpen. De homeopathie en de Bachbloesemtherapie zijn gebaseerd op het idee, dat water hele subtiele essenties in zich op kan nemen, waardoor het genezend kan werken op de niveaus van de ziel en de geest. Op de kaart wordt het fysieke element water van bovenaf bezield. De waterdruppeltjes doen denken aan de yods bij de Maan (kaart XVIII), waar de inspiratie uit de hemel als dauw op de aarde neerdaalt. Het element water vervult een brugfunctie tussen hemel en aarde, ziel en lichaam, het hoger Zelf en de persoonlijkheid. Door het element water lost ons afgescheiden ego op en krijgen we toegang tot subtiele niveaus van leven en bewustzijn, die we gewoonlijk 'het onbewuste' noemen.

Een bokaal is een 'houder': het is een vorm, die iets kan bevatten. De essentie van de bokaal is haar leegheid. Je kunt je voorstellen, dat de witte duif haar hostie niet kwijt kan in een bokaal die vol is, of die teveel onzuiverheden bevat. Ook dit is een beeld van de terugtrekking of oplossing van het ego: het is een oproep om je leeg te maken, stil te zijn, je af te stemmen op de hoogste bronnen van liefde, inspiratie en genezing.

Je kunt de bokaal vergelijken met je hart: waar je hart vol van is, daar stroomt het van over. Datgene of degene, waar je van houdt, zit haast letterlijk in je hart. Iets van de subtiele essentie van de ander doordringt jouw ziel en zo ben je op wezensniveau verbonden. Dat wat ons liefde en geluk schenkt, zuigen we als het ware naar binnen en nemen het op in ons wezen. Daarmee begint ook de gehechtheid aan het object van ons verlangen, wat we in de komende kaarten nog vaak zullen tegenkomen. De zuivering van de persoonlijkheid, de reiniging van het hart bereidt ons voor op het ontvangen van de hostie. Soms moeten we een kleiner geluk opofferen om ruimte te maken voor een groter geluk.

In de lege bokaal zitten al onze verlangens, die op zoek zijn naar vervulling. Het peilen van de diepte van onze verlangens is geen kleinigheid. De ziel is in haar wezen maar gedeeltelijk gehecht aan dit fysieke bestaan en de kleine wensen van ons ego. Contact met de diepere lagen van de ziel brengt ons dichter bij de oerbron van ons bestaan. In de Middeleeuwse graallegenden wordt gezegd dat de graal in staat was om iedereen volkomen te verzadigen met alles wat men nodig had. Op het fysieke niveau is elk geluk beperkt en tijdelijk. Op zielsniveau is er een rijke bron die nooit opdroogt.

Onderaan de kaart bloeien waterlelies. Die wortelen diep in de modder: symbool voor het onzuivere water, de gehechtheid aan de materie. De waterlelie groeit naar boven, naar het licht en in haar bloem viert ze haar feest van eenheid tussen hemel en aarde. Toch zouden er geen bloemen zijn zonder wortels en modder. Als je onthechting opvat als ophouden met liefhebben of het verbreken van elk contact met wat je vast zou kunnen houden, beroof je jezelf van de voedingsbodem waarop jouw bloem kan bloeien.

Het Aas van Bokalen kun je tegenkomen als de poorten van de ziel zich openen. Misschien vat je een intense liefde op voor iets of iemand. Diepe gevoelens komen aan de oppervlakte. Het kan zijn dat je diep geraakt wordt door een droom of een inspirerend beeld of kunstwerk. De intensiteit van de gevoelens is het bewijs, dat de ziel zich kenbaar maakt. Het kan zelfs zijn dat je hart 'breekt', omdat het te klein is om de grootsheid van het gevoel te bevatten. Diep doorvoelde pijn kan echter de poort zijn naar een groter geluk.

Bokalen Twee

Een jonge man en een jonge vrouw ontmoeten elkaar op zielsniveau. Ze openen hun hart voor elkaar in een voorzichtige ont-moeting. Ze wisselen (de inhoud van) hun bokalen uit, zodat er een subtiele energiestroom tussen de twee op gang komt, die hen allebei kan vervullen met een geluksgevoel. Ze zijn voorzichtig, want ze laten elkaar zien waar ze kwetsbaar in zijn. Waar je verlangen is, is ook je pijn en je angst. Ook je ego bemoeit zich ermee, vaak in belemmerende zin omdat het ego de controle wil bewaren en wil beschermen tegen pijn. Degene waar je van houdt kan je ook het diepste raken en de bron van je geluk kan tevens de bron van je grootste pijn zijn. Het is een zegening als je iemand kunt ontmoeten, waar je je veilig genoeg bij voelt om je hart te openen. En het kan een hele overwinning voor jezelf zijn om je liefde te laten zien en de ander echt bij je binnen te laten. De kaart laat het subtiele moment van de ontmoeting zien, het moment van onschuld en spontane openheid, dat vaak onverwacht komt. Dat toont al aan dat het controlerende ego even niet goed oplette. Het is alsof de ziel door de naden van je beschermingslagen heen kruipt.

Precies waar de ontmoeting plaatsvindt, het punt waar de twee bokalen elkaar raken, ontspringt de caduceus: het symbool van de twee slangen die rond de hermesstaf kronkelen. Daaruit verrijst dan weer een gevleugelde leeuw. De caduceus, ook bekend als symbool voor de geneeskunde, toont de subtiele energiestromen die ons lichaam verbinden met de ziel. De centrale staf kun je zien als de ruggegraat en de slangen als twee complementaire energieën (mannelijk en vrouwelijk) die elkaar ontmoeten in energie-knooppunten, de chakra's. Elke chakra komt overeen met een bepaald niveau van energie en bewustzijn.

Op de lagere niveaus, die dichter bij het lichaam staan, uit de energie zich als seksualiteit en fysieke gehechtheid. Dan kan uit de verbinding tussen de twee geliefden een kindje geboren worden of ze bouwen samen een nestje, wat ook het huisje op de achtergrond van de kaart suggereert. Op het niveau van het hart neemt de liefde de vorm aan van wederzijds respect en vertrouwen. De geliefden zien elkaar niet meer als een lustobject of als persoonlijk bezit, maar als volwaardig individu. Ze zijn niet meer alleen op zoek naar datgene waar ze in overeenstemmen, maar staan ook open voor de verschillen. Zo kan er een eenheid groeien, waarin het geheel méér is dan de som der delen.

Op het niveau van de bovenste chakra's is de liefde getransformeerd tot een zielsverbondenheid die niet langer afhankelijk is van fysieke nabijheid of stoffelijke gehechtheden. Je beseft dat je op zielsniveau samen deel hebt aan een realiteit, die de individuele afzondering opheft. Op dit niveau heb je contact met elkaars hoogste visioenen en potenties van geluk en harmonie en ben je in staat om elkaar te dienen zonder je in elkaar te verliezen. Zelfs de dood kan zo'n zielsverbondenheid niet scheiden.

De gevleugelde leeuw verwijst naar de Kracht (kaart XI), waar de leeuw staat voor de dierlijke instincten. Zijn vleugels geven aan dat zijn instincten zijn gezuiverd en getransformeerd en vertellen eigenlijk hetzelfde verhaal als de rest van de kaart.

Bokalen Drie

De drie vrouwen op de kaart stellen de drie 'gratiën' voor, de Griekse godinnen van bevalligheid en schoonheid. Ze worden traditioneel in verband gebracht met Aphrodite, de godin van de liefde en met Dionysus, de god van de wijn en de roes. Ook de bloemen en het rijpe fruit dragen bij aan een erotische sfeer, waarin de genietingen van het leven uitbundig worden gevierd.

De ontmoetingen van de vorige kaart dragen vrucht: de weg is vrij om je geluk te delen. Gedeelde vreugd is dubbele vreugd. Het wordt méér! Op de kaart worden de drie gratiën volgens de traditie afgebeeld: één ervan zien we op de rug, de andere twee staan met hun gezicht naar de eerste toegekeerd. Het idee hierbij is, dat wat de eerste geeft, door de andere twee in veelvoud wordt teruggegeven. Hetzelfde idee vonden we al bij Bokalen Twee: de twee geliefden die hun hart voor elkaar openen, worden méér dan twee aparte individuen. Samen worden ze deel van iets groters en gaan daarin op. Ook de gevoelens worden intenser door de ontmoeting en kunnen tot grote hoogte stijgen. Je verlangen wordt vervuld op een manier, die je méér geeft dan je ooit voor mogelijk had gehouden. En je ontdekt dat je zelf óók méér te geven hebt dan je dacht.

Om deel te hebben aan de vreugde, is er overgave nodig. Als je de controle over jezelf en/of de ander vast wilt houden, blijf je op een eilandje zitten. Als je kritisch beschouwt en afstand neemt, blijft je hart koel. Je kunt het leven niet voluit leven zonder onvoorwaardelijke overgave. Als je je hart niet opent, kun je niet verwachten dat je verlangen vervuld zal worden.

Het verhaal bij de vorige kaart over de chakra's is ook hier relevant, want genietingen bestaan er op alle niveaus. De kaart laat vooral de zintuiglijke, aardse genietingen zien en als je sceptisch bent kun je in het beeld een ordinaire orgie zien, waarin de vreugde nog eens extra wordt aangewakkerd door de roes van de wijn. Het ligt er maar aan wat je als het hoogste genot beschouwt. Maar de bokalen, die de drie gratiën vasthouden, zijn naar de hemel opgeheven: samen hebben ze deel aan iets dat groter is dan henzelf en dat hen boven zichzelf verheft.

Mystici hebben hun intieme belevingen van hun contact met het goddelijke beschreven in erotische taal. De troubadours vereren in hun ideaalbeeld van de vrouw de volmaaktheid van de schepping. De erotiek is dan niet puur lichamelijk meer. Het fysieke niveau van de lust wordt getransformeerd tot het spirituele niveau van éénheid met de hoogste niveaus van liefde.

In de kaart kun je een breed spectrum van genietingen zien. Wat je als het hoogste geluk beschouwt, kan veranderen. Genietingen zijn nooit blijvend en na de verzadiging van het ene verlangen komen weer nieuwe verlangens omhoog. Het kan een spiraal omhoog zijn waarin je zintuigen steeds meer verfijnd worden en je liefde steeds meer omvattend. Het kan ook een spiraal omlaag zijn als je afhankelijk wordt van het object van je geluk. Of als je het zoekt in steeds méér van hetzelfde: verslaving dus.

Drie is een dynamisch getal van beweging en groei. De energie is omhoog gericht naar de hemel. Blijf dus niet staan bij het geluk wat je hebt en probeer het niet vast te houden. Haal de essentie er uit en stem je af op nóg hogere en meer verfijnde vormen van liefde en schoonheid.

Bokalen Vier

Het contrast met de vorige kaart is opvallend. Na de dynamiek van het getal drie volgt de rust van het getal vier. Na de roes komt de ontnuchtering. In de reeks van de bokalen zien we een voortdurende wisseling van stemmingen en dat past ook bij het element water, want het is altijd in beweging. Gevoelens kun je niet sturen of oproepen, ze zijn er gewoon. Ze zijn de nauwkeurige graadmeter van de ziel, die je terug meldt of je in harmonie bent of niet, of je gelukkig bent met je situatie of niet. In de roes van Bokalen Drie leek alles alleen maar mooier te worden. Je geluk zette je hele wereld in een warme gloed, maar het blijft niet. Misschien is de drank op of is je geliefde weer verdwenen. Aan sommige genietingen houd je achteraf een vervelende nasmaak over, die je vertelt dat het misschien toch niet zo ideaal was als je in je opwinding dacht. Het is hier ook de nuchtere, aardse, dagelijkse realiteit (getal vier) die je illusies te kijk kan zetten als onbereikbare idealen.

De drie bokalen die in de vorige kaart nog enthousiast ten hemel werden geheven, staan hier op de grond en kunnen gezien worden voor wat ze in de aardse realiteit betekenen. De bokalen staan ook voor het object van je verlangen, dat nu in een ander daglicht staat. Verlangens houden per definitie op te bestaan, als ze vervuld zijn. De stemming verandert. De opwinding maakt plaats voor rust en nuchterheid. Vanuit die rust beschouwt de figuur op de kaart de drie bokalen vóór hem. Nu kan hij ook de noodzakelijke afstand nemen van het object van zijn verlangen, waardoor hij beter kijkt. Zo kan hij ook weer op een andere manier contact maken met zichzelf en luisteren naar de gevoelsstemming van zijn ziel. Men zegt: 'als je wilt trouwen, ga dan niet over één nacht ijs'. Leer elkaar ook kennen met je minder mooie kanten. Dan zul je merken of de liefde duurzaam is.

Boeddha bereikte de verlichting, mediterend onder een boom. Hij zag in dat alle lijden veroorzaakt wordt door verlangen. Door zich te onthechten van elke aardse binding kwam hij tenslotte in een toestand van duurzaam geluk, die niet meer afhankelijk is van de buitenwereld. Bij het verhaal van Boeddha kunnen we in het groot zien, wat hier in het klein gebeurt. Je trekt je energie terug van het object van je liefde of je verlangen, je zoekt rust in jezelf om te luisteren naar je ziel. Wat maakt jou werkelijk gelukkig? De bokaal, die uit de wolk komt, kan de stem van de ziel zijn, die je aandacht richt op nog onvervulde verlangens of op nóg hogere vormen van geluk en vervulling. De uitkomst van deze fase van bezinning staat niet vast. Misschien verdiept zich je liefde voor wat je al 'had', misschien vindt je nieuwe bronnen van liefde en geluk. In ieder geval is het een kans om je gevoelsleven te verfijnen en te verdiepen.

Bokalen Vijf

Bij Bokalen Drie staan de drie bokalen voor geluk en de vervulling van verlangens. Bij Bokalen Vier neem je afstand van het object van je verlangen. Op deze kaart zien we drie omgevallen bokalen, waaruit de inhoud wegloopt. Je geluksideaal wordt niet vervuld, althans niet in de vorm die je had gehoopt. Het getal vijf is hier weer te herkennen in de ontwrichting van de bestaande toestand. Dit is geen vrije keuze meer zoals bij Bokalen Vier. Het leven neemt haar loop en daarin moeten we steeds afscheid nemen van waar we aan gehecht waren en wat ons geluk bracht. Niet alleen wij zijn in beweging, maar de wereld om ons heen ook. Mensen komen en gaan in ons leven en elk afscheid is een beetje sterven. De figuur in het zwart kijkt intens naar de drie omgevallen bokalen en is kennelijk aan het rouwen. Hij staat nog niet open voor de twee bokalen achter hem, die een poort zouden kunnen zijn naar een nieuw leven met nieuwe idealen en nieuwe ontmoetingen.

We weten van rouwprocessen dat ze door verschillende stadia gaan, die nauwelijks met de bewuste wil te versnellen of te vertragen zijn. Kennelijk heeft de ziel haar eigen tijdsbesef. De energie is vooreerst naar het verleden gericht, om het voorbije opnieuw te doorleven en een plaats te geven. Hoe sterker je verweven was met het object van je liefde, hoe langer het duurt.

Hoe afhankelijker je geworden bent, hoe moeilijker het is om jezelf weer terug te vinden. Omdat de energie naar het verleden en naar binnen is gericht, is er geen echte aandacht meer voor het hier-en-nu. Je kunt vervallen in een slachtoffergevoel en blijven hangen in je verdriet. Zolang de pijn niet is doorleefd en verwerkt, zal die doorwerken in je leven hier-en-nu en steeds weer op onbewaakte ogenblikken de kop opsteken.

De objecten van onze liefde kunnen we niet altijd vasthouden en meenemen naar een volgende levensfase, maar alles wat we beleefd hebben in het contact, draagt de ziel als herinnering met zich mee. Je vermogen om lief te hebben raak je niet kwijt: die kan zelfs alleen maar groeien omdat de liefde die je gegeven hebt, in veelvoud naar je terugkomt, al is het meestal in een vorm die je niet verwacht. Het gaat er dus om, vertrouwen te hebben in de wijsheid van de ziel, die de dingen op haar eigen wijze en in haar eigen tempo verwerkt en een plaats geeft. Wees als het water: blijf in beweging en weet dat je in elke fase en in elke vorm niets anders dan jezelf kunt zijn.

De rivier op de achtergrond met de brug nodigt uit om in beweging te komen en een nieuwe levensfase in te gaan. Het land dat op je wacht aan de overkant zal je nieuwe, onverwachte kansen geven, waarin je zult kunnen voelen wat de werkelijke oogst is van de voorbije fase. Verdriet kan plaats maken voor vreugde. Het kan blijken dat de doorleefde pijn je rijper en wijzer heeft gemaakt. Je zult iets voorzichtiger zijn en meer respect hebben voor je eigen kwetsbaarheid en die van anderen. Je zult je wat minder laten afleiden door oppervlakkigheden, omdat je een dieper besef hebt van waar het in het leven om gaat.

Bokalen Zes

De harmonie van het getal zes is bij deze kaart wel heel makkelijk te herkennen. De kinderen stralen één en al onschuld uit. Ze zijn veilig binnen de muren van het kasteel waar ze wonen. Links loopt een wachter, die de mogelijke gevaren al vroeg onderkent en onschadelijk maakt. Het is een beeld van de optimale voorwaarden voor het vrije kind in onszelf om te genieten en te spelen. De kinderen op de kaart zijn vol aandacht bezig met de witte bloemen, die in de bokalen groeien. De witte bloemen staan voor de zuiverheid van de natuur, waarmee het vrije kind in ons van nature in harmonie is.

Het plaatje kan overkomen als een sprookjesbeeld, zeker als je in je leven weinig veiligheid om je heen voelt of gevoeld hebt. Het vrije kind in ons kan gewond raken, want het is kwetsbaar in zijn onschuld en zijn blindelings vertrouwen. Het lijkt wel ons noodlot te zijn om de onschuld van het kind te verliezen (zie ook de Geliefden, kaart VI). De wereld eist van ons verantwoordelijk en aangepast gedrag. De volwassen wereld zegt dat we eerst moeten werken voordat we mogen spelen. Ze zeggen wat we moeten doen en vragen niet naar wat wij leuk vinden. Ze zeggen wie we moeten zijn en hebben geen oog voor het wonder dat we zijn. Maar diep in ieder van ons leeft een besef van het paradijs, een herinnering aan hemelse harmonie, de bron van ons

bestaan. In de kern is het vrije kind in ons, de Zot, als enige onsterfelijk en in die zin onkwetsbaar. Het komt altijd terug!
We kunnen niet eeuwig kind blijven en wachten op de ideale situatie die nooit komt. Waarschijnlijk hebben we niet de ideale ouders gehad, die ons alles gaven wat we nodig hadden, maar we blijven vastzitten als we maar blijven verlangen naar niet-bestaande ouders, die méér thuishoren in onze dromen dan in de werkelijkheid. Volwassen worden betekent zelf te leren zorgen voor het kind in onszelf. Ons leven zó inrichten dat er tijd is om te genieten en te spelen. Veilige plaatsen en momenten te creëren waar intimiteit is en waar mag plaatsvinden wat zich spontaan voordoet. Contact houden met de simpele schoonheid van de natuur, die niets kost en overal voorhanden is, als je er maar oog voor hebt.
In uiterste instantie is de veiligheid, die we zoeken, niet buiten onszelf te vinden, maar wél in onszelf. Het vrije kind in ons, de Zot, heeft een perfecte intuïtie voor wat bij ons past en wat niet. De Zot weet dat hij een kind van God is en dat geluk en de vervulling van al zijn latente mogelijkheden zijn geboorterecht is. De taak van de volwassene (in ons) tegenover het kind (in ons) is niet om het kind te vormen naar onze eisen, maar om de omgeving te scheppen, waarin het kind zich spelenderwijs kan ontplooien. Het kind is de levende manifestatie van de ziel: vol leven, liefde en belangstelling, altijd klaar om het beste van zichzelf te delen. En als je dan de optimale omgeving nog niet gevonden hebt, begin dan in het klein, bij jezelf en je directe omgeving. Dan is het geen weemoedige nostalgie naar een verloren harmonie, maar een levende, vibrerende energie in het hier-en-nu. Dan scheppen we zelf een stukje paradijs op aarde.

Bokalen Zeven

Het getal zeven verbindt deze kaart met de Zegewagen, waar de held er op uit trekt om zijn meest persoonlijke dromen, wensen en ambities te realiseren. Hij verlaat zijn bekende wereld, want hij weet dat er méér is. Zo begint zijn persoonlijke levensweg, die uniek is. Ook bij deze kaart gaat het over jouw persoonlijke idealen van geluk. Het zijn droombeelden, die zich in de wolk van jouw verbeelding bevinden. De inhoud van de bokalen op de kaart weerspiegelt allerlei mogelijke vormen, die jouw ideaalbeelden kunnen aannemen.

Het is belangrijk om hier in te zien, dat de bron van die beelden te vinden is in jouw hongerige ziel, die verlangt naar de optimale vervulling van wat er in jou leeft. Maar de vormen, die dat zielsverlangen aanneemt, zijn projecties in de buitenwereld. Je vormt jouw beelden van de ideale relatie, de geslaagde carrière, jouw droomhuis, enzovoorts, door in de buitenwereld op zoek te gaan naar de beste voor-beelden. De reclame-deskundigen maken er handig gebruik van en leiden jouw verlangens in de richting, die voor hen het beste uitkomt. Maak eens een lijstje van je grootste idolen. Schrijf de eigenschappen van die mensen op, die je het meest bewondert. Ga nu die eigenschappen na en kijk in hoeverre je je met die eigenschappen kunt identificeren. Blijf niet hangen in onbereikbare idealen, maar vertaal ze naar de proporties, die voor jou realistisch zijn. Zo maak je je los van je projecties en kom je in contact met de levende kwaliteit van je eigen ziel. En je maakt tevens de weg vrij om je verlangens in jouw concrete situatie te realiseren.

Zeven is het getal van de vrijheid en bij deze kaart gaat het om de vrijheid om te wensen wat je wilt. Dat kan leiden tot de meest wereldvreemde luchtkastelen, maar ergens in de kern van jouw luchtkastelen huist een wezenlijk zielsverlangen. We kunnen niet leven zonder dromen en idealen. En de wereld staat stil zonder mensen met visie, die stug volhouden, waar anderen hen uitmaken voor zweverige fantasten. Alles wat nieuw is, begint met een vage droom, die in verschillende fasen concreter wordt en tenslotte fysieke vorm aanneemt.

De inhoud van de verschillende bokalen op de kaart is ontleend aan beelden uit de astrologie.

De juwelen staan voor Venus: luxe, rijkdom, gemak, schoonheid.

De lauwerkrans staat voor Jupiter: beroemd worden, anderen tot voorbeeld zijn.

De draak staat voor Mars: verlangen naar macht, de sterkste willen zijn.

De toren staat voor Saturnus: autonomie, onkwetsbaarheid.

De slang staat voor Mercurius: slimheid, kennis van het verborgene.

De gesluierde figuur staat voor de Maan: het onbewuste, de ziel zelf die zich verbergt achter versluierende beelden, symbolen en idealen.

Het hoofd staat voor de Zon en is hetzelfde hoofd als dat van de Gematigdheid (kaart XIV): helder bewustzijn, echtheid, waarheid, zijn wie je bent.

Bokalen Acht

In de voorgaande kaarten van de bokalenreeks zien we steeds mensen, die intens geboeid zijn door de (inhoud van de) bokalen, alsof hun hele ziel en zaligheid ervan afhangt. Het verlangen van de ziel richt zich op projecties in de buitenwereld en identificeert zich ermee. Ideaalbeelden zijn zelden optimaal te realiseren. De praktijk van de fysieke wereld heeft beperkingen, die afbreuk lijken te doen aan het ideaalbeeld. Boeddha had gelijk: het verlangen naar de vervulling van onze geluksidealen is tevens de bron van teleurstelling en verdriet (Bokalen Vier en Vijf). Gehechtheid aan de objecten van onze liefde brengt afhankelijkheid en angst voor verlies. Uit verlangen komen allerlei verwachtingen voort die weer de voedingsbodem vormen voor evenzoveel teleurstellingen.

Bij deze kaart zien we juist de omgekeerde beweging. De man op de kaart laat de acht bokalen achter zich en trekt de eenzaamheid in. Hij laat los wat hem eerst geluk bracht. Het is nacht en de maan schijnt, wat betekent dat hij luistert naar de stem van zijn ziel. Hij lijkt erg veel op de Kluizenaar (kaart IX), die eveneens de wereld achter zich laat en de eenzame bergen opzoekt.

Misschien is dit het gevolg van teleurstelling: de hooggespannen verwachtingen zijn niet uitgekomen. Of het is gewoon een vorm van verzadiging: de beker van het geluk is leeggedronken en nieuwe verlangens dienen zich aan. Het kan een depressie zijn, waarin er niets meer lijkt te zijn wat je leven inhoud kan geven en een eenzame woestenij overblijft. In ieder geval is een soort van inkeer onvermijdelijk, omdat de buitenwereld je verlangens niet langer bevredigt.

De ziel is tijdloos, maar de objecten waaraan ze zich hecht, zijn tijdelijk en beperkt. Op zijn best komt de beweging van inkeer en terugtrekking voort uit het inzicht, dat de buitenwereld nooit helemaal tegemoet zal komen aan wat we als ideaal zien. Dat hoeft niet de vorm aan te nemen van bittere teleurstelling of wrok, maar is in de kern de acceptatie van wat is.

Je kunt in deze situatie heel goed in conflict komen met de verwachtingen en gehechtheden van anderen, omdat je minder betrokken bent en misschien zelfs de relatie verbreekt. Het kan betekenen dat je achterlaat wat je veiligheid en comfort verschafte en een ongewisse toekomst tegemoet gaat. Toch is het juist de terugkeer naar de eenvoud, die vernieuwing kan brengen. Als je ophoudt met te verlangen naar het onbereikbare, zie je misschien beter wat er voor je neus is. De mooiste dingen in het leven zijn gratis en in overvloed om je heen. Misschien kunnen we dat pas echt zien en ervan genieten als we ophouden met verlangen. Want verlangen is per definitie ontevreden met wat er hier en nu is.

Je kunt deze kaart ook zien als een soort van retraite, die tijdelijk is. Je laat alles even achter je om je te bezinnen. Je trekt je terug uit de dagelijkse beslommeringen, die je bezigheden en gehechtheden in de buitenwereld met zich meebrengen. In de innerlijke ruimte, die je daardoor maakt, kun je beter luisteren naar de stem van je ziel. Luister naar je dromen, de tekenen op je weg, je intuïtieve ingevingen en vertrouw op je innerlijke bron van leiding, zoals de Kluizenaar dat ook doet. De inspiratie die je daarbij opdoet, kan je leven nieuwe inhoud geven. Deze kaart hoeft dus niet te betekenen, dat je alles definitief achter je moet laten. Het kan ook zijn dat je datgene wat je al hebt en wat er al is, kunt bezielen vanuit een diepere bron van liefde en inspiratie.

Bokalen Negen

De man op de kaart ziet er voldaan en zelfgenoegzaam uit. De negen bokalen staan mooi op een rijtje achter hem, haast als een verzameling trofeeën. Het getal negen als symbool voor vervulling is hier makkelijk te herkennen. Op het eerste gezicht lijkt het alsof het hier gaat om de volledige vervulling van het geluksideaal. Maar zo simpel ligt het niet. De voorgaande kaarten hebben ons laten zien hoe de praktijk altijd achterblijft bij het ideaal. In die zin is totaal geluk niet mogelijk, hoogstens voor een korte tijd, want na de verzadiging steken al spoedig weer nieuwe verlangens de kop op. De kaart krijgt meer diepgang als we de vorige, Bokalen Acht, erbij betrekken. Daar ging het er juist om, de afhankelijkheid van objecten buiten onszelf los te laten en het geluk in onszelf te vinden. Het feit dat de man op deze kaart de bokalen achter hem niet ziet, benadrukt dat hij niets meer najaagt. Hij weet dat wat hij nodig heeft, er gewoon ìs. Hij zoekt niet meer, maar vindt. Hij verlangt niet meer naar een ideaal in de toekomst, maar leeft met wat er is in het hier en nu. Daarom kunnen we zeggen dat hij tevreden is. Tevredenheid is vrede hebben met wat er is, ook al beantwoordt dat niet helemaal aan al je wensen en verwachtingen.

De paradox van het verlangen naar geluk is, dat het verlangen zelf al verondersteld dat er (in jouw ogen) in de huidige toestand iets ontbreekt. Het besef van gebrek, je ontevredenheid dus, is de bron van het verlangen en het najagen van geluk. Bij deze kaart is er geen gevoel meer van gebrek, maar van overvloed en vertrouwen in wat het leven te bieden heeft. Dat wil niet zeggen dat er geen wensen meer zijn, maar dat die wensen het geluk in het hier en nu niet in de weg staan.

De grootste moeilijkheid in de sfeer van het element water is het peilen van de verlangens van de ziel. Vaak is datgene waarvan wij denken dat het essentieel is voor ons geluk, slechts een afgeleide daarvan. Het is bijvoorbeeld fijn om geld te hebben, of een goede gezondheid, of een harmonische relatie, maar het bezit ervan is nog geen garantie voor geluk. En evenmin is het ontbreken ervan een garantie voor ongeluk. We verwarren heel gemakkelijk de bijzaken met de hoofdzaak.

Vergis je niet in het vermogen van de ziel om aan te trekken wat haar kan vervullen. Daarom is het kennen van je zielsverlangens zo belangrijk. Een behoefte die erkend wordt, kan vervuld worden. Een behoefte die ontkend wordt, kan niet bevredigd worden want je zult niet herkennen en niet kunnen ontvangen wat je krijgt. Als we onze behoefte projecteren op iets of iemand in de buitenwereld, scheppen we onmiddellijk afhankelijkheid en angst voor verlies. De objecten van ons verlangen zijn in die zin surrogaten, die slechts tijdelijke en beperkte bevrediging kunnen geven. De tevredenheid van de man op de kaart kan daarom ook een schijnhouding zijn. Houdt hij zijn diepere gevoelens en verlangens niet heimelijk achter het gordijn verborgen, terwijl hij naar de buitenwereld doet alsof alles koek en ei is?

Op de Aas van Bokalen zagen we het water rijkelijk stromen en de aarde bevruchten. De bron is

onuitputtelijk. In zijn hoogste vorm laat deze kaart iemand zien, die contact heeft met zijn zielebron en weet dat geluk zijn geboorterecht is. Dus in de kern heb je niets of niemand nodig om gelukkig te zijn. De andere kant van de kaart kan een irritante zelfgenoegzaamheid zijn, een pretentie van onafhankelijkheid, die onecht is. Doen alsof je niets of niemand nodig hebt, getuigt van een misplaatste arrogantie, die niet realistisch is.
Het is niet eenvoudig om te vragen en te ontvangen zonder je afhankelijk te maken. Het is ook niet eenvoudig om simpelweg te geven zonder iets terug te verlangen of te verwachten.

Bokalen Tien

Het plaatje ziet er ideaal uit. De kinderen spelen zorgeloos zoals bij Bokalen Zes. De twee geliefden van Bokalen Twee hebben hun nestje gebouwd en hun vereniging draagt vrucht. De tien bokalen in de regenboog duiden op de zegen van de hemel (zie ook de iris bij de Gematigdheid (kaart XIV).
Dit is méér dan de vervulling van een ideaal, want als je je geluk met anderen kunt delen, verveelvoudigt het. Je kunt gezegend worden met een geluksgevoel waarvan je zelfs niet had kunnen dromen. De werkelijkheid is wonderlijker dan onze wonderlijkste fantasie. Het water is het element, waarin ons afgezonderde ego oplost. Daarmee verdwijnt het niet, maar vindt het zijn natuurlijke plek weer in het geheel. Je kunt dan zó opgaan in je omgeving (de ander), dat er geen scheiding meer is. Meestal zijn dit voorbijgaande momenten. Water stroomt altijd. Geluk kun je niet vasthouden of herhalen. Het plaatje op de kaart is een momentopname. Zouden ze even gelukkig zijn als één van hen ernstig ziek wordt of als een natuurramp hun huis vernietigt? De levenskunst die de mensen op kaart tentoonspreiden, is het kunnen genieten van het moment, in alle onschuld en zonder zich zorgen te maken over de toekomst. In het beste geval vertrouwen ze dat hun liefde en verbondenheid ook in moeilijker tijden zal standhouden.
Zo is deze kaart een momentopname van het grootst mogelijke geluk, maar ook een afscheid, want de situatie zoals die is, zal niet exact zo blijven. Als je geneigd bent om je geluksmomenten vast te houden of te willen herhalen, stokt de stroom. Als je teveel vasthoudt aan jouw beeld van geluk, sta je niet meer open voor het volgende moment: de volgende ontvouwing van liefde en geluk. De grootste levenskunst is om elk moment te omarmen. De waarde te zien en te genieten van elke fase in het levensproces. Volledig in het hier en nu zijn hoeft niet te betekenen dat er geen verlangens meer zijn, maar ze zijn er dan niet om een gevoel van gebrek te compenseren, maar als scheppende kracht, een liefdevolle bron die vloeit en het leven bevrucht.

Schildknaap van Bokalen

We zien een sierlijk geklede jongeman, die duidelijk de gratie van zijn element vertegenwoordigt. Achter hem is de zee, die staat voor de bron van zijn inspiratie: de ziel met haar onbewuste inhouden. De vis die hij in zijn bokaal heeft, kun je zien als een aspect van zijn zielenleven, waar hij voor het eerst kennis mee maakt. Nieuwe gevoelens en verlangens worden wakker. Als vertegenwoordiger van het water-element staat hij erg open voor indrukken, wat hem tevens kwetsbaar maakt. Hij heeft oog voor schoonheid en harmonie, maar daardoor lijdt hij ook onder lelijkheid en disharmonie.

De schildknapen zijn allemaal verwant met de Zot, omdat ze in eerste instantie naïef zijn. Ze zijn vol verwondering en fascinatie door het nieuwe dat ze tegenkomen, maar missen nog de ervaring en het overzicht om kundig en doelgericht om te gaan met wat ze ontdekken. Deze Schildknaap van Bokalen kan een dromer zijn, die mooie fantasieën heeft, maar niet in staat is om ze concreet gestalte te geven. Maar dat kan nog komen: eerst moet hij proeven, voelen en verkennen.

Misschien is dit het begin van een nieuwe hobby, of de geboorte van een nieuw geluksideaal, of de eerste kennismaking met iemand die je vriend of geliefde zou kunnen worden. Door de vrijheid en de onschuld van deze fase is er ruimte om zonder verplichtingen te ontmoeten en te onderzoeken. Dan is er ruimte om te spelen, kind te zijn.

Alleen door ervaring kun je te weten komen wat dit nieuwe werkelijk in je leven kan betekenen. Laat je niet meeslepen door één moment van geluk. Hecht je niet onmiddellijk al te sterk aan het object van je interesse. Proef het aan alle kanten. Wees terughoudend met je verwachtingen, maar blijf ook niet langs de zijlijn staan.

Schildknapen zijn de brengers van boodschappen omdat ze ontdekken wat anderen nog niet zagen. Deze Schildknaap kan een trendsetter zijn, die gevoelig is voor wat er onder de mensen leeft. Maar hij kan ook de trendvolger zijn, die elke nieuwe mode kritiekloos navolgt, omdat het 'in' is. Hij kan een kunstenaar zijn, die zijn beelden en visioenen vorm geeft in een originele vorm, die spelenderwijs ontstaat.

De geboeidheid van de Schildknaap kan ook te ver gaan en ontaarden in extreme bewondering voor een idool of ideaal, waarbij elk gevoel voor proportie verloren gaat. Je kunt afhankelijk worden van het voorwerp van je liefde, fascinatie of bewondering. Je kunt je ideaal op een voetstuk zetten en elke kritische gedachte of waarneming negeren. Maar in al deze gevallen is er eigenlijk al geen sprake meer van echte openheid en onschuld, omdat je er iets van maakt, wat het niet is.

Ridder van Bokalen

Alle ridders trekken de wereld in met hun element, gedragen door hun paard, dat eveneens de kenmerken van het element vertoont. Hier zien we een elegant paard en daarmee is tevens één van de belangrijkste eigenschappen van de Ridder van Bokalen getekend: zijn charme. Water is een vriendelijk element, dat zich weet aan te passen aan de omgeving en in eerste instantie eerder geeft dan neemt. Daardoor kan hij doordringen tot het hart van de mensen en hen bezielen met voedende en liefdevolle inspiraties. Hij heeft niet de kracht van de andere ridders en is daarom kwetsbaar. Hij kan niet dwingen, want hij moet het hebben van vriendelijke overreding. Juist door zijn charmes weet hij weerstanden weg te nemen. Hij dwingt niet, maar nodigt uit. Hij overreedt niet met kracht van argumenten, maar door te luisteren en aan te voelen wat de ander nodig heeft. Op zijn helm en aan zijn voeten zien we vleugeltjes, die verwijzen naar de Griekse god Hermes. Hermes was de god van de communicatie, de handel, de wetenschap en de kunst. Hij was de enige god, die vrije toegang had tot alle werelden: de godenwereld op de Olympus, de middenwereld van de mensen en de onderwereld van Hades. De verwijzing naar Hermes benadrukt het vermogen van de Ridder van Bokalen om in werelden door te dringen. Juist door zijn vloeibare kwaliteiten glijdt hij gemakkelijk langs grenzen, die voor anderen onneembaar zijn. Zijn reis kan hem voeren naar verre streken en vreemde omgevingen, maar door zijn aanpassingsvermogen is hij in staat om overal contact te maken. Hij kan een verbinder zijn, een diplomaat, een netwerker, die mensen met elkaar in contact brengt.

Van de elementen geeft water het makkelijkst toegang tot innerlijke werelden. De Ridder van Bokalen wordt gemotiveerd door dromen, visioenen en ideaalbeelden. Geïnspireerd door de hoogste bron (Hermes), kan hij een brenger zijn van vrede en beschaving. Zo lijkt hij op Parsival, die de graal (Bokalen Aas) vond en daarmee leven en vruchtbaarheid bracht in een land dat een woestenij geworden was. En dat is natuurlijk de grootste uitdaging van de Ridder van Bokalen: licht brengen op duistere plaatsen.

De Ridder van Bokalen is kwetsbaar, omdat hij een boodschap brengt van liefde en zachtheid. Hij kan gekwetst raken door hardheid en geweld, waar hij weinig verweer tegen heeft. Alleen zijn innerlijke zuiverheid is zijn bescherming. Zijn ego-structuur is niet sterk, waardoor hij in de war kan raken door zijn eigen innerlijke reizen. Hij kan zich vastklampen aan zijn idealen, maar daarin schuilt het gevaar dat hij een wereldvreemde dromer wordt. Zijn boodschap wordt alleen gehoord door wie er open voor staat en hij zal moeten leren leven met onbegrip en weerstand. Ridders dragen niet alleen een boodschap uit: ze zijn ook op zoek naar ervaring en een plek op aarde om hun inspiraties te delen. De Ridder van Bokalen is een zoeker naar vriendschap en liefde. De kaart kan verschijnen als je verliefd bent en het hart van je geliefde wenst te veroveren. Dan zet je al je charmes in en kom je misschien over als de spreekwoordelijke 'ridder op het witte paard'. Misschien doe je je mooier voor dan je bent of loop je weg voor de harde realiteit.

Misschien creëer je illusionaire droomwerelden voor jezelf en anderen. De graal kon alleen maar gevonden worden door de meest zuivere en onschuldige van alle ridders. Daarom is de allereerste opdracht voor de Ridder van Bokalen om zijn eigen hart te zuiveren en zich af te stemmen op zijn hoogste bron van inspiratie. En direct daarop is zijn opdracht om de wereld te aanvaarden zoals die is, hoe moeilijk dat ook voor hem kan zijn.

Koningin van Bokalen

De Koningin is omgeven door symbolen, die verwijzen naar verschillende aspecten van het element water. Haar troon staat op een schelpenstrandje middenin de zee. De zee staat voor het onbewuste zielenleven, waar ze dus een direct contact mee heeft. Daardoor is ze bijzonder gevoelig voor subtiele indrukken. Haar invoelend vermogen is groot, tot vormen van helderziendheid en dergelijke toe. De zee is ook de voedingsbron van het leven, wat er op wijst dat ze een gulle, gevende natuur heeft, die is afgestemd op de behoeften die ze om zich heen waarneemt. Omdat ze zo dicht bij de bron vertoeft, kan het lijken alsof haar gevende kwaliteiten onuitputtelijk zijn. De oesterschelp bovenaan haar troon doet denken aan Aphrodite, de godin van schoonheid en liefde, die uit het schuim der zee geboren werd (zie het schilderij 'De geboorte van Venus' van Botticelli). Ook de engeltjes op de kaart verwijzen naar hemelse schoonheid. Zo kan ze geïnspireerd zijn door visioenen en beelden, waarvan ze zelf de oorsprong niet kent, maar waar ze zich tot in het diepste van haar wezen mee verbonden voelt. Haar omgeving zal haar vaak niet goed begrijpen en het gevoel hebben, dat ze niet helemaal 'op aarde' is. Misschien is dat ook wel zo. Er kan een verleiding in schuilen om de hardheid van de wereld te ontvluchten in dromen van schoonheid en harmonie, die haast niet te verwezenlijken zijn.

Ze kijkt vol aandacht naar haar bokaal, die de vorm heeft van een monstrans; daarin wordt in de katholieke kerk een geconsacreerde hostie bewaard. De hostie vertegenwoordigt het getransformeerde lichaam van Christus. De symboliek is natuurlijk verwant met de graal, die de wonderlijke gave heeft om iedereen overvloedig te voorzien van wat ze nodig hebben. Ze maakt contact met de essentie, de oerbron van het leven en heeft vanuit die bron bijzondere genezende gaven, die ze zich misschien niet eens bewust is.

Koninginnen zitten op een troon en verlaten hun element dus niet. De Koningin van Bokalen kan zich afzonderen in haar eigen veilige wereldje, vooral als ze zich kwetsbaar voelt. Misschien beperkt ze zichzelf en anderen door overmatige zorgzaamheid. Toch kan ze op haar kleine plekje op een diep niveau in verbinding treden met de ziel van de wereld. De ruimte die ze inneemt in de buitenwereld is klein, maar haar innerlijke wereld is potentieel onmetelijk groot.

Aangezien de bron van waaruit ze handelt, niet verstandelijk te bevatten is, kan ze alleen op haar gevoel af gaan. Daarin ligt haar kracht en tevens haar beperking. Door haar innerlijke gerichtheid is ze minder vertrouwd met de meer praktische en feitelijke kanten van het leven, maar of ze dat als probleem ervaart, is nog maar de vraag.

Een probleem kan zijn, dat haar ego-structuur erg zwak is, zodat ze voortdurend geplaagd wordt door gevoelens en indrukken, waar ze geen weg mee weet. Als ze dan ook nog haar eigen grenzen niet kent in haar openheid naar anderen, kan dat veel verwarring veroorzaken, zowel in haar zelf als in haar contacten met de buitenwereld.

Koning van Bokalen

De Koningen zijn de heersers over hun element en hebben er een zekere controle over. Ook deze Koning zien we op een troon zitten temidden van zijn element met een scepter in zijn linkerhand als teken van zijn waardigheid. De vierkante vorm van de troon duidt eveneens op beheersing. Het schip op de achtergrond staat symbool voor de overwinning van de mens op het woelige element water. Toch is al die beheersing maar betrekkelijk. Zijn troon lijkt niet al te stevig en schepen zijn kwetsbaar. Jung vergeleek het ego met een scheepje op de oceaan. De oceaan is dan het onbewuste zielenleven, waartegenover het bewuste ik maar een nietig dingetje is.

De kunst van de beheersing van het element water kan nooit bestaan uit de volledige controle door het ego. Als je zeilt, moet je goed kunnen luisteren en kijken naar de lucht, de wind en de stromingen van het water. De basis van de beheersing is het kunnen volgen, want het is niet mogelijk om je wil op te leggen aan krachten, die te groot zijn om ze simpelweg naar je hand te kunnen zetten. Het element water geeft ons toegang tot het onbewuste zielenleven, maar de poort daarheen bestaat eerder uit het loslaten van de controle dan uit het vasthouden ervan.

Een wijze Koning van Bokalen begrijpt dit principe. Hij weet te luisteren en te volgen. Hij stelt zich dienstbaar op aan het leven. De actieve kant van het element water is voeding geven, zorgen voor wat klein en kwetsbaar is, kansen scheppen voor nieuwe creativiteit. Hij kan een goede begeleider, coach of therapeut zijn, die de kwaliteiten in anderen herkent en voedt. Zijn kwaliteit kan bestaan uit het scheppen van een open, liefdevolle sfeer, waarin mensen zich veilig voelen. Dan komen hun zielenkwaliteiten vanzelf naar buiten. Hij maakt ruimte voor creativiteit, fantasie, open ontmoetingen. Maar de inhoud daarvan kan hij niet bepalen, want het is aan het leven zelf om zich te openbaren zoals het wil. De Koning van Bokalen kan niet vooraf alles plannen naar een eindpunt toe. Hij schept de voorwaarden en kan alleen maar vertrouwen op zijn gevoeligheid voor wat zich spontaan aandient. Hij geeft zijn onvoorwaardelijke vertrouwen aan het spontane proces van het leven, waarin de ziel zich kan manifesteren in creativiteit, genezing en liefdevolle ontmoetingen van ziel tot ziel.

Het gevaar bestaat dat zijn beheersing het spontane proces gaat belemmeren. Hij kan zich ontpoppen als een charmante verleider, die misbruik maakt van het vertrouwen dat hij krijgt. In het uiterste geval droogt de bron op of wordt hij zelf het slachtoffer van de krachten die hij heeft losgemaakt.

In de reeks van de bokalen is verschillende keren de graal ter sprake gekomen. De Koning van Bokalen is in dit verband dezelfde als de graalkoning Amfortas, die echter impotent is en zijn land een woestenij. Hij wordt in leven gehouden door de graal, maar dat is dan ook alles. Pas een onschuldige geest als Parsival is in staat om het land tot nieuwe bloei te brengen. Zonder nu de Koning van Bokalen te beschuldigen van impotentie, weerspiegelt het verhaal een les die we ons ter harte moeten nemen. Er schuilt kennelijk een gevaar in het verlies van de onschuld. De kunst van de beheersing van het element bestaat uit het volgen van de stroom en niet in het willen sturen van de stroom van het leven. Onze zielenkwaliteiten kunnen naar buiten komen en gedijen als we ze tegemoet treden met respect en liefdevolle aandacht en als we ze de ruimte geven. Maar als we vooraf het proces al willen sturen in de richting die wij wensen, staan we het levende proces in de weg. Zo bestaat de heerschappij van de Koning van Bokalen uit een bijzonder subtiele mengeling van activiteit en passiviteit, sturing en overgave, leiden en volgen.

5.4. De Pentagrammen

Pentagrammen Aas

In de oudere tarotspellen worden meestal 'munten' gebruikt als symbool voor het element aarde. Waite koos voor het pentagram en legde daarmee de nadruk op de menselijke creativiteit (zie H.2.1 over het getal 5) binnen het element aarde. De tuin, die op de kaart staat afgebeeld, is daar een fraaie illustratie van. In een tuin leeft de menselijke creativiteit zich uit in samenwerking met wat de natuur ter plekke te bieden heeft. De omheining is symbool voor de natuurlijke grenzen, die we in het element aarde tegenkomen. Het is immers het traagste element en het sterkst onderhevig aan de wetten van ruimte en tijd. Hier nemen de scheppingsimpulsen vorm aan, maar het kost tijd en je moet het steeds doen met de mogelijkheden die er ter plekke zijn.

Er zijn tuinen waarin de menselijke geest domineert, zoals in de paleistuinen van Versailles. De natuurlijke groei van de planten wordt gedwongen in de vorm die de ontwerper voor ogen heeft. In zo'n tuin moet hard gewerkt worden. Er wordt strijd geleverd met de natuur. Alles wat niet past binnen het concept wordt geëlimineerd. Er zijn ook tuinen waarin de natuur z'n gang mag gaan. De tuinman gaat niet uit van zijn mentale plan, maar van de bestaande mogelijkheden en van de toevalligheden, die de natuur altijd in overvloed biedt. Dan krijg je een tuin, die dicht bij de natuur staat en waar de tuinman zo weinig mogelijk ingrijpt.

Jouw tuin is jouw leven op dit moment. Het is je concrete situatie met haar mogelijkheden en moeilijkheden. Jij bent de tuinman. Wat wil je realiseren? Hoe wil je dat je leven eruit ziet? Luister naar de drie andere elementen in jezelf: wat wil je (vuur), welke ideeën en plannen heb je (lucht), wat zijn je hartewensen (water)? Kijk dan naar de concrete mogelijkheden en moeilijkheden die er zijn: het element aarde zelf, zoals het zich aan jou laat zien. De aarde is ook je lichaam, dat haar mogelijkheden en beperkingen heeft. Het is de tijd, die je wel of niet hebt. Het is het geld of het materiaal dat je (niet) ter beschikking hebt.

De meester toont zich in de beperking. Meesterschap in het element aarde bestaat er uit, dat je niet nodeloos strijdt met de beperkingen van de aarde, maar er juist gebruik van maakt. Hoe méér je je identificeert met je wil, je idee en je wens (vuur, lucht en water), hoe méér je het element aarde zult ervaren als traag, lastig en beperkt, omdat de vorm altijd zal achterblijven bij het ideaal. Dan leer je de aarde vooral kennen via de harde wet van de noodzaak en het gebrek. Het leven wordt een worsteling. Als je niet nodeloos vecht met de beperking, word je efficiënter, praktischer, geduldiger. De beperking is dan geen tegenstander, maar een leermeester, die je in harmonie brengt met de natuurlijke wetten van de aarde. Voor alles is er een plaats en een tijd en het natuurlijke ritme van het leven heeft haar eigen wijsheid. Ook jouw leven heeft haar eigen ritmes en seizoenen.

De Aas van Pentagrammen wijst je op de mogelijkheden die er op dit moment in je leven zijn om

je creatief en zinvol uit te drukken. Er kunnen zich uitnodigingen aandienen om iets nieuws te beginnen. Er liggen kansen om iets van je diepste verlangens te realiseren.
Ga niet alleen uit van wat je zelf wilt. Stel je dienstbaar op. Welke vragen worden er aan jou gesteld? Welke problemen (om je heen) trekken je aandacht? Want de aarde wacht op jou. Jij bent hier op dit moment omdat het belangrijk is dat jij er bent. Jouw kwaliteiten zijn nodig en ze zullen tot ontwikkeling komen als je gewillig bent om te doen wat nodig is en het beste geeft wat je te geven hebt.

Pentagrammen Twee

De dualiteit van het getal twee is te herkennen in de hoge golven op de achtergrond en in de lemniscaat, die de twee pentagrammen verbindt. We zien het element aarde in haar aspect van constante beweging. Je kunt denken aan de seizoenen of aan de afwisseling van vóór- en tegenspoed, opkomst en verval. De aarde mag dan traag lijken, beweging is er altijd. Het mag dan lijken dat aardse bezittingen veiligheid en stabiliteit geven, maar niets is zeker.

De man op de kaart is helemaal in harmonie met de beweging zelf. Zoals de schepen dansen op de golven, zo danst hij met zijn pentagrammen. Twee is een getal van aanpassing en ook dat is een kernkwaliteit die bij het element aarde hoort. Doen wat de situatie verlangt, meegaan met de ontwikkelingen in de tijd. Het is een kaart van pragmatisme, van opportunisme zelfs, want je speelt handig in op wat er zich aan mogelijkheden voordoen. In negatieve zin kan dit het kritiekloos meedraaien met alle winden betekenen.

Er schuilt een grote uitdaging in het meegaan met de wisselingen van het element aarde. We houden van wat jong en mooi is, maar kunnen we ook de ouderdom en het verval omarmen? We houden graag vast wat we aan zekerheden hebben, maar kunnen we die ook weer loslaten als de tijd daarvoor rijp is? De wisseling van de seizoenen gaat vaak met extremen gepaard: kun je door de extremen in je leven gaan en tegelijk je innerlijk evenwicht bewaren? Het punt van rust in de lemniscaat is het middelpunt. Daar ligt het geheim van de man op de kaart. Juist omdat hij zo flexibel is, verdiept zich zijn centrum. Hij is een evenwichtskunstenaar, die de stilte temidden van de beweging vindt, het centrum van de cycloon.

De kaart nodigt je uit om mee te gaan met de veranderingen, die zich op natuurlijke wijze aandienen. Dat kan betekenen dat je een paar gehechtheden moet loslaten, maar als je inziet dat ze toch niet meer relevant zijn voor het moment, hoeft dat niet moeilijk te zijn. Misschien moet je afzien van plannen die je had, maar als blijkt dat ze toch niet te verwezenlijken zijn, zouden ze toch maar overbodige ballast betekenen. In wezen telt alleen het hier en nu. Het verleden kun je niet vasthouden en de toekomst kun je niet (helemaal) bepalen. Maar in het hier en nu is je middelpunt, je mogelijkheid tot handelen. Je fysieke omgeving kun je nooit helemaal controle-

ren, maar in de manier hoe je ermee om wilt gaan, ben je vrij.
'Als het tij keert, moet men de bakens verzetten'. Het kan zijn dat de kaart wijst op de noodzaak van een verandering. Ook al lijken de omstandigheden je te dwingen, zoek je eigen middelpunt van evenwicht. Beweeg mee en grijp de kansen die zich voordoen.

Pentagrammen Drie

Het getal drie is terug te vinden in de vele driehoeken, die in de structuur van het gebouw op de kaart verwerkt zijn. Het is de omhoog gerichte driehoek, die het streven van de aarde naar de hemel verbeeldt. De mensen op de kaart zijn betrokken bij de bouw van een kerk. Van oudsher zijn kerken en tempels gewijde plaatsen, waar mensen samenkomen om hun hoogste aspiraties te beleven en vorm te geven. In de sfeer van de pentagrammen gaat het natuurlijk om de vormgeving van het gemeenschappelijke ideaal. Een kerk moet een 'huis gods' zijn: een plek waar het goddelijke tastbaar gemaakt wordt. Vaak is in kerken en tempels dan ook een kosmische visie verwerkt: het gebouw spiegelt in haar structuur het universum. Maar overdrachtelijk geldt hetzelfde voor een kantoorgebouw, dat eveneens een uitdrukking is van de ideeën en aspiraties van de ontwerpers, de eigenaars en de gebruikers. In brede zin kun je zeggen, dat het hier gaat om de samenwerking tussen mensen die hun gezamenlijke en persoonlijke idealen vorm geven.
Vanuit onszelf is het onze wens om ons nuttig te maken voor de wereld, in welke vorm dan ook. Dan is het goed om aansluiting te zoeken bij een groep of een organisatie, die jouw volle instemming heeft en waarvoor je bereid bent om offers te brengen. Het aardse wordt in dienst van het hogere gesteld. Je wordt een schakeltje in een geheel en daarin vind je je plaats of word je je plaats gewezen door degenen die de organisatie in handen hebben. Zolang je vertrouwen hebt in de organisatie en de leiding, zal je bereidheid om je in te zetten er zijn, maar als die er niet is, kan het een probleem zijn om je plek te vinden in het geheel.
Vanuit het geheel gezien, is het belangrijk dat ieders individuele kwaliteiten optimaal worden benut en dat de deelnemers zich binnen het geheel kunnen ontplooien. De drie figuren op de kaart leveren ieder hun bijdrage. De priester staat voor degene met de ideeën, de meest directe vertegenwoordiger van de gemeenschappelijke inspiratiebron. Zijn taak is het om te motiveren en zelf het meest zuivere voorbeeld te geven. De architect vertaalt de idealen in concrete, haalbare plannen. Hij is de tussenpersoon, de vertaler, de organisator. De werkman doet het eigenlijke handwerk. Op deze kaart heeft hij de ereplaats, want in de sfeer van het element aarde gaat het om de concrete vormgeving. Door zijn inspiratie en vakmanschap wordt het idee in de materie zichtbaar en verkrijgt het duurzaamheid.
Je kunt de drie figuren op de kaart natuurlijk ook zien als delen van jezelf of als kwaliteiten die je nodig hebt om iets te realiseren. Waar liggen je sterke en zwakke punten? Wat heb je te bie-

den, wat heb je nodig van anderen?
Wil je je nuttig maken voor de wereld, kijk dan zowel naar wat er nodig is en wat je de moeite waard vindt om je dienstbaar aan te maken, als ook naar je eigen kwaliteiten. Probeer niet te geven wat je niet hebt. Zorg dat datgene wat je geeft, ook werkelijk ten goede komt aan het geheel: maak er geen ego-trip van. Besteed aandacht en zorg aan de relatie die je hebt met de mensen waar je mee werkt. Bouw gedurig aan een groeiend vertrouwen in jezelf en elkaar.

Pentagrammen Vier

De combinatie van het element aarde met het getal vier van vorm en structuur levert de meest aardse, materiële kaart op van de tarot. Deze kaart is tevens het meest aardse aspect van de Keizer. Dat het om wereldse zaken gaat, is te zien aan de stad op de achtergrond. De natuur is geheel getransformeerd in de handen van de mens, gevormd naar zijn behoefte. De gekroonde man op de voorgrond heeft met zijn compacte vorm veel weg van de Keizer. De pentagrammen zijn zó geplaatst dat ze de macht van de man benadrukken. Het pentagram boven zijn hoofd geeft aan dat zijn geest heerst over de materie. Er gebeurt wat hij wil. Het pentagram op zijn borst is wat hij 'in de hand' heeft. Hij is in staat om zijn ideeën om te zetten in efficiënte handelingen. De twee pentagrammen onder zijn voeten vormen een solide basis op aarde, waarbij je kunt denken aan bezit, een reputatie, een machtspositie en dergelijke.

De mensen, die het weten kunnen, zeggen dat naarmate je rijker bent, het steeds gemakkelijker wordt om nóg rijker te worden. Macht vermeerdert macht. De kaart gaat over een kostbaarheid, die we allemaal wel willen bezitten: macht over de materie. Al verlangen we misschien niet naar geld of macht, het is toch fijn als je de dingen voor elkaar krijgt, zoals jij wilt dat het gaat.

Ook bij de Keizer is controle het thema. Teveel controle kan het leven afknijpen, zie het zieltogende stroompje water achter de troon van de Keizer. Bezit kan een gevangenis worden. Macht uitoefenen over anderen kan je doen vereenzamen. Teveel controle over je lichaam kan resulteren in kramp. Denk aan de tuinman, die ter sprake kwam bij de Aas van Pentagrammen: als je extreem je wil oplegt aan de aarde, vernietig je haar groeikracht. Uiteindelijk ben je voor de voeding die je zelf nodig hebt, net zo afhankelijk als de armste sloeber.

Wat we op de kaart zien is ook het vasthouden aan aardse bindingen. Het kan duiden op een totale gehechtheid en daardoor ook afhankelijkheid. Zou het dan beter zijn als we minder gehecht waren? In positieve zin is het een totale overgave aan wat je bent en doet, onvoorwaardelijke trouw aan degenen met wie je je verbonden hebt, verantwoordelijkheidsgevoel. Een mens uit één stuk zijn.

Datgene wat je investeert in aardse verworvenheden, is je geestkracht, je liefde, je toewijding, je dienstbaarheid. Die kwaliteiten ontwikkel je juist door je te hechten. Vroeg of laat zul je je bezit moeten loslaten, maar de rijping die in jou heeft plaatsgevonden, de ervaring die je hebt opgedaan, neem je als wijsheid mee naar de volgende fase.

Pentagrammen Vijf

Deze kaart is in alle opzichten het tegendeel van de vorige. De beweging, die bij het getal vijf hoort, neemt hier een ontwrichtende vorm aan. De mensen op de kaart zijn de greep op de materie kwijt, sterker nog, ze worden er door achtervolgd. Eén ervan loopt op krukken. Hun kleding biedt geen bescherming tegen de winter en aangezien ze kennelijk ook dakloos zijn, lijkt hun einde nabij. Het lichte raam op de achtergrond zou een toevluchtsoord kunnen zijn, maar het is de vraag of ze het zien.

Sociaal en economisch gezien is dit de keerzijde van de rijkdom van de vorige kaart, misschien zelfs wel een produkt ervan, want macht leidt al gauw tot uitbuiting. En als het heil van de kerk moet komen, is ook dat nog maar de vraag, want die kan evengoed een verlengstuk worden van de heersende macht. Dit is de kaart van degenen die niet passen binnen de heersende structuren en op eigen kracht zijn aangewezen. Dat kán natuurlijk een bewuste keuze zijn.

Op persoonlijk vlak is het de ervaring van gebrek. Je behoeftes worden niet vervuld en roepen daarom des te harder om aandacht. Als je gezond bent, sta je daar zelden bij stil. Pas als je ziek bent, ervaar je de waarde van gezondheid. Het hebben van gebrek kan een louterende ervaring zijn. Het kan je leren om te relativeren, want er is veel dat je best kunt missen. Het kan je helpen om op een dieper niveau te beseffen wat van wezenlijke waarde voor je is.

Op spiritueel niveau laat de kaart degenen zien, die in het donker 'dolen'. Je ziet geen licht meer. Misschien voel je je buitengesloten. Je bewustzijn wordt verduisterd door zorgen. Het is heel goed mogelijk om je zorgen te maken over dingen die nooit gebeuren. Het kan best zijn dat je in feite nergens gebrek aan hebt, maar toch arm bent, omdat je geest zich bezighoudt met imaginaire en irrelevante problemen. Een mens lijdt het meest door het lijden dat hij vreest.

Zie ook de parallel met de Hogepriester (kaart V): de mensen op de kaart zijn dan verdwaalde discipelen, die het licht zijn kwijtgeraakt. Maar je zou ook kunnen zeggen, dat ze zich losgemaakt hebben van de knellende dogma's van de Hogepriester en nu zoekend en tastend hun eigen weg vinden. Als de wereld om je heen je geen steun meer biedt en zelfs vijandig wordt, val je terug op jezelf. Onderzoek de oorzaken. Misschien heb je de mensen van je vervreemd, wat bij de vorige kaart al dreigde. Misschien is het een bewuste keuze om oude zekerheden los te laten en op zoek te gaan naar wat de buitenwereld je niet kan bieden. Het kan een proces van verinnerlijking zijn, waaruit je gelouterd tevoorschijn komt. Mensen die weinig hebben zijn vaak blijer en zorgelozer dan mensen die veel hebben. Wat zou hun geheim zijn?

Pentagrammen Zes

Het getal zes als getal van evenwicht is makkelijk te herkennen in het plaatje. Een rijke man met een weegschaal in zijn hand deelt geld uit aan twee arme mensen, die geknield voor hem zitten met hun handen in een ontvangend gebaar. Wie veel heeft, geeft aan wie weinig heeft, en zo wordt het evenwicht hersteld. De weegschaal is het symbool van de rechtvaardigheid: de principes, die de normen leveren voor een eerlijke verdeling.

Ik heb me altijd gestoord aan het beeld op deze kaart. Het is éénrichtingsverkeer: de één heeft alles, de ander niets. Degene die heeft, houdt de weegschaal vast. Is dat wel eerlijk? Zou hij zijn eigenbelang kunnen verenigen met de principes van rechtvaardigheid? Hebben de armen op de kaart helemaal niets te zeggen? Het plaatje oogt als een weergave van het zelfgenoegzame Victoriaanse kapitalisme: de tijd en de plaats, waar Arthur Waite dit spel ontwierp.

Daarom heb ik er behoefte aan om het beeld te verruimen. Het geld, dat op de kaart wordt uitgedeeld, kun je zien als een algemeen symbool voor het element aarde. Het kan dus staan voor goederen en diensten in de meest brede zin des woords, de hele economie dus. Maar je kunt het nog verder uitbreiden. Je kunt denken aan de tijd en de aandacht, die we elkaar geven, want ook dat zijn 'schaarse goederen', waarin we zoeken naar een rechtvaardig evenwicht tussen geven en ontvangen. De verhouding tussen de mensen zie ik in de meest brede zin als een uitwisseling, waarbij het een open vraag blijft wie geeft en ontvangt. Als je diep op de vraag in gaat, wie geeft en ontvangt, kunnen daar overigens weer allerlei dubbele bodems in zitten. Wat te denken van 'een bloemetje om het goed te maken', of van iemand die een rijke oude dame zonder erfgenamen verzorgt. De belangen kunnen subtiel en tegenstrijdig zijn.

De kaart gaat over handel, óók over de subtiele laag van handel in gevoelens, trouw, loyaliteit, en dergelijke. In de handel gelden regels, zoals 'voor wat hoort wat' of 'kinderen die vragen worden overgeslagen'. Er zijn geschreven wetten, maar er zijn ook heel veel ongeschreven wetten. Sommige worden uitgesproken, maar heel veel ook niet. Daarom kan deze kaart verwijzen naar subtiele lagen in jouw manier van 'handelen'.

In de sfeer van de pentagrammen ontwikkelen we onze talenten op een manier dat ze hun nut bewijzen in de wereld. Ons eigenbelang is dat we kunnen overleven, bezit verzamelen, een carrière opbouwen, een machtspositie in de wereld veroveren. Het collectieve belang is dat we onze talenten dienstbaar maken aan de behoeften die in de wereld leven. Die belangen hoeven elkaar niet tegen te spreken, maar er is wél sprake van een gespannen evenwicht. De kaart roept ons op om te rade te gaan bij ons eigen rechtvaardigheidsgevoel. Wat zijn je belangen en kun je daar eerlijk over zijn? Wat zijn je tactieken om dingen van anderen gedaan te krijgen? Hoe open en eerlijk ben je in je transacties?

Het getal zes gaat ook over de verantwoordelijkheid die we hebben ten opzichte van het geheel waarin we leven. We zijn verantwoordelijk voor wat we hebben en kunnen. Ten eerste om daar naar ons beste vermogen mee om te gaan en ten tweede om te zorgen dat onze bijdrage aan de wereld terechtkomt op de plek waar het ook echt nut heeft. En als je iets tekort komt, is het je eigen verantwoordelijkheid om die behoefte te erkennen en te vragen om wat je nodig hebt.

Pentagrammen Zeven

Zoals bij alle 'zevens' in de tarot zien we hier iemand, die alleen is. Een tuinman staat, leunend op een schoffel, naar een volwassen plant te kijken. Tussen zijn voeten groeit een klein plantje. Het is een moment van rust en bezinning, wat heel passend is voor het element aarde. Bij de andere 'zevens' zagen we het individu, dat zijn eigen weg gaat vanuit persoonlijke dromen, wensen en visies. In het element aarde is onze individuele vrijheid een stuk beperkter. De tuinman op de kaart zal zijn idee hebben (gehad) van de ideale tuin of de ideale plant. Hij zal er alles aan doen om zijn idee te verwezenlijken, maar hij kan niet zonder meer doen wat hij wil. Hij moet het doen met de gesteldheid van de grond, het klimaat, de beschikbare planten en meststoffen, enzovoorts. Het grootste gedeelte van de tijd is hij bezig om zich aan te passen aan de omstandigheden. Hij moet goed kunnen kijken. Volgen hoe iets groeit en daar op inspelen. Alles heeft zijn tijd nodig. De tuinman kan de planten niet harder laten groeien door er aan te trekken, maar door te zorgen voor de juiste voorwaarden. Zijn uiteindelijke resultaat zal zelden precies overeenstemmen met zijn oorspronkelijke plan, maar daar gaat hij ook niet van uit. Hij houdt rekening met verrassingen, want hij weet dat zijn controle over de natuur betrekkelijk is.

De kaart laat een moment van bezinning zien, rust na de arbeid. Om iets tot stand te brengen in het element aarde is inspanning en volharding nodig. Maar het is moeilijk om een helder beeld te krijgen van de resultaten van je werk zolang je er in op gaat. Rustmomenten geven je de gelegenheid om beter waar te nemen en te leren van het resultaat. De volwassen plant geeft overzicht over het voorbije proces. Je kunt aan de resultaten zien hoe het ontwikkelingsproces is verlopen en je kunt je eigen aandeel daarin evalueren. Het kleine plantje tussen de voeten van de tuinman vertegenwoordigt datgene wat nieuw is en nog een hele ontwikkeling vóór zich heeft. Alles wat de tuinman geleerd heeft in het verleden, kan hij gebruiken bij de verzorging van de nieuwe plant.

Dit is een bezinning op de resultaten van je werk en daaruit kunnen nieuwe beslissingen voortkomen. Het is een moment van vrijheid en van keuze. Laat je de oude plant staan of moet hij ruimte maken voor jongere planten? Ga je verder volgens je oude plan of moet je je plannen bijstellen? Je hebt jouw talenten, je ervaring: ben je nog op de juiste plek om ze nuttig te maken, zowel voor jezelf als voor de wereld? De keuze is hier niet zo vrij als bij de andere 'zevens', omdat je rekening moet houden met de trage wetten van het element en de bestaande mogelijkheden en ontwikkelingen. Toch is het aan ons om te beslissen hoe we met onze talenten en mogelijkheden om willen gaan.

Pentagrammen Acht

Acht is het getal van meesterschap en de aanwijzing die de kaart geeft is eenvoudig en direct: oefening baart kunst. De man op de kaart maakt pentagrammen, wat aangeeft dat hij zijn talenten aan het ontwikkelen is door ze in een vorm te gieten. Door te doen leert hij. Elke ervaring draagt bij aan de perfectionering van zijn kunde. Zijn werkkleding en zijn geconcentreerde houding geven aan dat hij helemaal opgaat in zijn werk. Hij dringt met zijn aandacht diep door in de materie waar hij mee bezig is en leert het van binnen en van buiten kennen. Ook zijn gereedschap zal om aandacht vragen, want goed gereedschap is het halve werk. Je kunt ook denken aan hoe je met je lichaam bezig bent, want ook dat is gereedschap, waar je verstandig mee moet omspringen. Het vinden van de juiste werkhouding, het goed verdelen van je energie, het vinden van een prettig werkritme en dergelijke, maken wezenlijk deel uit van het meesterschap over het element aarde.

Het is een bijzonder intieme dialoog tussen mens en materie, waar het hier om gaat. De geest, de creativiteit, drukt zich uit in de materie en bezielt haar. Elk werkstuk draagt het stempel van de maker. Anderzijds vormt de materie degene die er mee werkt. Je lichaam gaat staan naar je werk. Elk werk en elke werkkring stelt haar specifieke eisen en kent haar specifieke beproevingen. Een vakman gaat daar niet onder gebukt, maar pakt de beperking op als een uitdaging. Zo leert hij heel goed zijn eigen grenzen kennen en tevens de uiterste mogelijkheden van het materiaal waar hij mee werkt. Zijn meesterschap is niet zozeer, dat hij alles kan wat hij wil, maar dat hij kan wat mogelijk is.

De kaart legt niet de nadruk op de resultaten, maar op het werk zelf. Het is een zegen als je werk hebt, waar je je in kunt uitdrukken en waar je in op kunt gaan. De paradox is, dat je temidden van het meest geconcentreerde werk een ontspanning kunt ervaren, waarin je de beperkingen juist weer overstijgt. Het zingen tijdens het werk is daar een mooi voorbeeld van. Door concentratie op het werk zelf doe je waarvoor je hier gekomen bent: je uitdrukken in de materie. 'Arbeid is zichtbaar gemaakte liefde'.

In negatieve zin kan het opgaan in je werk een vlucht zijn voor verantwoordelijkheden, die je óók hebt. Je kunt het ook te perfect willen doen. Vakmensen hebben vaak ook iets eenzijdigs, wat vooral te zien is aan de manier waarop ze de rest van de wereld bekijken en beoordelen vanuit hun beperkte gezichtspunt. Het ligt in de aard van elk leerproces, dat je vaardigheden een steeds breder terrein bestrijken, wat tot uitdrukking komt in een groeiende verantwoordelijkheid op je werkterrein, in de promoties die je maakt, in de groei van je sociale netwerk, en dergelijke. Staar je niet blind op het ene ding dat je goed kunt, maar blijf je ontwikkelen in de diepte en de breedte.

Pentagrammen Negen

Negen is een getal van oogst en vervulling en op de kaart zien we de aarde dan ook in haar rijpste en meest verheven vorm. De vele rijpe druiven duiden op het seizoen van de oogst. De vrouw op de kaart kun je op zichzelf al zien als vertegenwoordigster van wat de aarde aan schoonheid te bieden heeft. Ze heeft een getemde valk op haar hand, wat doet denken aan de Kracht (kaart XI), waar het temmen ook al door een vrouwelijke kracht gebeurt. Wederom een symbool van het meesterschap van de mens over de aarde. Zelfs de onafhankelijke valk kan getemd worden en gebruikt voor menselijke doeleinden. Een andere visie hierop is, dat de valk staat voor de vrije geest in de mens en dat die vrije geest getemd wordt door de aarde, want die leert ons immers geduld, discipline en volharding. De kaart toont het hoogste dat de menselijke geest via het element aarde kan verwezenlijken. Het resultaat is niet alleen nuttig, maar ook mooi. Niet voor niets is de natuur zo'n onuitputtelijke bron van inspiratie voor kunstenaars. De materie spiegelt zich in de geest en de geest spiegelt zich in de materie.

De kaart laat de aarde zien in haar meest begerenswaardige aspecten: schoonheid, overvloed, subtiele genietingen en kunsten. De aarde komt tegemoet aan de geest. Je kunt het zo gek niet bedenken of je vindt in de natuur parallellen met jouw gedachte. Je vindt er het materiaal dat je nodig hebt om je gedachten te verwezenlijken. De planeet aarde als de Hof van Eden: het paradijs is hier. De praktijk wijst uit dat we lang niet alles krijgen wat we wensen, maar we krijgen een ander verhaal als we kijken of we alles kunnen krijgen wat we nodig hebben. In de meest essentiële behoeften van het leven is rijkelijk voorzien en veel ervan is gratis: zuurstof, zon, regen, seizoenen. Ook voedsel hoeft geen probleem te zijn als we de natuurlijke hulpbronnen rechtvaardig verdelen en benutten. Zie de aarde als een rijke plek, die jou tegemoet komt met haar gaven. Laat even los wat je allemaal wilt hebben en zie wat je krijgt. Luister naar je wezenlijke behoeftes en vertrouw er op, dat je vanzelf zult aantrekken wat jou voeden kan.

De slak op de voorgrond is nietig en traag. Toch vindt hij alles wat hij nodig heeft. Zijn huis draagt hij met zich mee en daarom is hij overal thuis. Al leeft hij op een klein plekje, naar méér verlangt hij niet. Alle drukte en haast vallen hier weg, omdat er volkomen harmonie is met het ritme van het leven zelf. Je doet geen pogingen meer om de organische tijd van de aarde te versnellen of te vertragen. Daardoor komt er innerlijke rust, terwijl alles op z'n tijd gebeurt zoals het gebeurt. Van de druiven kan wijn gemaakt worden en wijn voedt de geest. Wijn is een symbool van de materie die door verfijning en transformatie één wordt met de geest. De aarde verlangt naar de hemel en de hemel verlangt naar de aarde. Het is een ontmoeting van geliefden die voor elkaar bestemd zijn.

Pentagrammen Tien

Net als in de voorgaande kaart zien we ook hier een beeld van de hoogst mogelijke manifestaties van het element aarde. De familiewapens op de poort en op de stoel van de oude man wijzen op het belang van tradities. De beste verworvenheden van de mensheid worden door opvoeding, onderwijs en erfrecht van de ene generatie op de volgende doorgegeven. Je kunt haast niets nieuws beginnen of je moet je eerst eigen maken, wat anderen al vóór jou ontdekt en geperfectioneerd hebben. We staan altijd op de schouders van onze voorgangers. Respect voor de traditie is een wezenlijke kwaliteit van het element aarde, omdat er het besef in doorklinkt dat we als enkeling maar een schakeltje zijn in een langdurig, collectief proces.

Vergeleken met de vorige kaart zien we hier weinig natuur en veel cultuur. Alleen de druiven links onder herinneren ons aan de basis van alle welvaart: de natuurlijke gaven van de aarde. Ook de honden zijn een voorbeeld van de langdurige en vruchtbare samenwerking tussen mens en dier. De stad op de achtergrond verwijst naar de grotere maatschappelijke context, want de verworvenheden van de familie op de kaart zouden er niet zijn zonder haar verwevenheid met het grotere sociale netwerk.

De oude man zit: zijn werk is gedaan. Nu wordt er voor hèm gezorgd, want hij is kwetsbaar geworden. Met zijn ervaring kan hij nog wél goede raad geven. Het is zijn laatste kans om het beste van zijn generatie door te geven. Binnen jezelf staat hij voor datgene wat van de tradities in jou voortleeft. Het kan een bron van wijsheid zijn, maar ook een blok aan je been.

Het echtpaar is druk in overleg. Zij staan in het leven van alledag en dragen de grootste verantwoordelijkheid. Ze staan precies onder de poort. De poort is hier tevens het symbool van het getal tien: enerzijds is het het hoogtepunt van de voorafgegane cyclus, anderzijds is het een nieuw begin. Het echtpaar onder de poort kan kiezen of ze het bij het oude willen houden of dat ze breken met de traditie en nieuwe wegen inslaan. Het kan gaan om kleine aanpassingen, maar het is ook mogelijk dat ze hun bekende terrein achter zich laten en zich elders vestigen. Binnen jezelf staan de ouders voor je verantwoordelijkheden en de keuzes die je maakt.

Het kind achter moeders rok houdt zich nog schuil binnen de veiligheid die het geboden wordt, maar er komt een tijd, dat het kind zal beslissen over haar toekomst. Ook dan is er weer van alles mogelijk, maar de traditie waarin ze opgroeit zal inmiddels haar stempel op haar hebben gedrukt. Binnen jezelf staat het kind voor wat nog nieuw en onontdekt is in jou. Je bent méér dan een produkt van je opvoeding. Je bent nieuw en uniek. Je bent vrij: zie de Zot (kaart 0)!

Schildknaap van Pentagrammen

Alle schildknapen hebben iets van de Zot (kaart 0). Ze maken voor het eerst kennis met hun element. Ervaring hebben ze nog niet, maar dat komt nog wel. De Schildknaap van Pentagrammen staat in een open, groen landschap met bomen, bloemen en bergen. Er is een klein stukje geploegd land te zien: symbool voor de beginnende activiteit van de Schildknaap. Maar vóór er activiteit is, is er waarneming. De Schildknaap ontdekt een stukje natuur, dat nog puur is. Zijn zintuigen staan wagenwijd open, want hij is geboeid en nieuwsgierig naar de wereld die zich voor hem ontvouwt. Hij kan helemaal opgaan in zijn ontdekkingen en laat zich makkelijk leiden door wat zich aan hem laat zien.

Dit kan het begin zijn van een nieuwe hobby of een nieuw werkterrein. Voorlopig hoef je nog niets te kunnen of te bewijzen. Je hebt nog geen positie in de wereld met verantwoordelijkheden en verwachtingen van anderen. Het is een ontdekkingsreis in een nieuwe wereld buiten je, maar het is ook een ontdekkingsreis naar binnen, omdat je tegelijk nieuwe mogelijkheden (talenten, vaardigheden) ontdekt in jezelf. De aarde is je speelterrein en dat is een bijzondere ervaring, want meestal komen we in contact met het element aarde via de harde wet van de noodzaak. Je moet overleven, praktische problemen oplossen, je werk doen, verantwoordelijkheid dragen, waardoor het gevoel van vrijheid verdrongen kan worden.

Toch kan deze kaart je ook stimuleren om de praktische problemen van alledag als een uitdaging op te pakken om iets te leren. Zo kan een lekkende kraan de aanleiding zijn voor allerlei nieuwe ontdekkingen. Het begint dan wel met de noodzaak om iets aan de lekkage te doen, maar het kan eindigen met inzicht in het waterleidingsysteem. Ondertussen leer je je weg te vinden in doe-het-zelf zaken. Zonder dat je het zoekt, leer je niet alleen een versleten leertje te vervangen, maar doe je allerlei nuttige kennis op, die je in staat stelt om ook andere problemen op te lossen. Ongetwijfeld kom je onderweg ook veel tegen, waar je weinig of niets aan hebt en wat je best weer snel kunt vergeten. En dat is natuurlijk één van de bezigheden van de Schildknaap: het selecteren van informatie, prioriteiten stellen. Maar die keuzes worden tijdens de ontdekkingsreis zelf gemaakt. De Schildknaap van Pentagrammen leert door ervaring, met vallen en opstaan dus ook, want vooraf heeft hij geen plan en weet hij niet waar hij uitkomt.

Het kan een goed idee zijn om te rade te gaan bij mensen die je de weg kunnen wijzen in het gebied dat je aan het ontdekken bent. Al doende ontdek je wat bij jou past, je zelfvertrouwen groeit en door te doen leer je. En zo verschijnt spelenderwijs een stukje geploegd land: symbool voor wat je 'in de vingers' hebt gekregen, je eerste eigen creaties.

Ridder van Pentagrammen

Vergeleken met de Schildknaap van Pentagrammen, zien we hier al een veel groter stuk omgeploegd land. De ontdekkingsfase in het element aarde gaat haast ongemerkt over in werk, want alles waar je dieper op ingaat, kost tijd en energie. Je vaardigheden zijn dusdanig ontwikkeld, dat je je dienstbaar kunt maken aan de wereld. Doordat je ervaring groeit, leer je om sneller en efficiënter te werken. Deze kaart kan duiden op een fase van schaalvergroting: je hobby wordt je werk, je pakt steeds grotere projecten aan, de vraag naar jouw vaardigheden groeit. Door de vragen die de wereld aan je stelt, leer je weer bij. Door de mogelijkheden die je ziet, groeit het terrein van je interesse.

Het paard van de Ridder straalt rust en kracht uit. Hij staat stil, maar dat wil niet zeggen, dat hij niets doet. Je kunt hier denken aan kwaliteiten als ijver, dienstbaarheid, betrouwbaarheid, discipline. Het zijn de eigenschappen van de degelijke werknemer, die rustig en zonder ophef zijn werk doet en netjes afmaakt. Zijn trots haalt hij uit de kwaliteit van zijn werk. Hij kan heel erg toegewijd zijn aan degenen voor wie hij werkt, want als hij weet dat hij nuttig is voor anderen, geeft hem dat een gevoel van rust en zekerheid.

De volgende aard van de Ridder van Pentagrammen kan hem ook afhankelijk maken van degenen die hem vertellen wat hij moet doen. Zijn gezichtsveld kan beperkt blijven door zijn concentratie op zijn eigen specialisme. Hij kan te goedgelovig zijn en zich laten uitbuiten. Zijn groei kan stil blijven staan als hij al te slaafs steeds maar hetzelfde blijft doen.

Bij de andere ridders is heel sterk een drang naar avontuur aanwezig, maar hier neemt dat minder spectaculaire vormen aan. De energie is rustig en gestaag, gericht op doelen die redelijkerwijs bereikbaar zijn. Daarom zal de Ridder van Pentagrammen ook niet zo snel over zijn grenzen heen gaan. Hij kan zó passief worden (niet in de zin van niets doen, maar in de zin van gebrek aan eigen initiatief en avonturendrang), dat hij alleen nog maar door sterke prikkels van buiten ertoe bewogen kan worden om iets nieuws te gaan doen.

De groei van de Ridder van Pentagrammen bestaat er uit, dat hij zijn waarde steeds beter leert kennen. Daardoor wordt hij minder afhankelijk van de waardering van anderen en dus ook zelfbewuster. Zijn groeiende vakmanschap stelt hem in staat om steeds grotere verantwoordelijkheid te dragen. Zo wordt de ridder geleidelijk een koning.

Koningin van Pentagrammen

De kaart toont een puur natuurlijk landschap, waar nog geen mensenhand heeft ingegrepen. De Koningin is er ook het type niet naar om veel te ploegen en te bouwen. Ze zit er rustig bij en lijkt zoals de andere Koninginnen helemaal op te gaan in haar element. Dank zij haar rust voelt het konijn zich prima bij haar op zijn gemak.

Je kunt de Koningin van Pentagrammen in de brede zin ook zien als Moeder Aarde zelf. In ieder geval zijn alle eigenschappen van Moeder Aarde in haar vertegenwoordigd. De aarde draagt en voedt alle wezens zonder onderscheid. Voor iedereen is er een plaats. Elk levend wezen heeft bestaansrecht en verdient respect. Daarom is dit ook een kaart van onvoorwaardelijke liefde.

De aarde is vruchtbaar, zoals het konijn, dat bekend staat om zijn vermogen om zich snel voort te planten. De Koningin is niet actief bezig en toch groeit en bloeit alles om haar heen. Haar magie ligt in haar gevoel van verbondenheid en haar liefdevolle aandacht. Ze zou iemand kunnen zijn met 'groene vingers', bij wie de planten er altijd prachtig bij staan. Als je haar dan vraagt hoe ze het toch doet heeft ze geen antwoord, want voor haar is het zo vanzelfsprekend dat ze er niet bij stil staat.

De Koningin van Pentagrammen kan bijzonder gehecht raken aan haar stukje aarde, dat niet groot hoeft te zijn, want op een klein plekje kan ze toch eindeloos veel dingen vinden, waar ze haar liefdevolle zorg aan kwijt kan. Als dat overdreven wordt, kan ze zich nodeloos druk maken om minieme details en bijvoorbeeld een poetsmanie ontwikkelen. Haar zorg voor haar kinderen kan ook verstikkend werken, omdat ze alles ziet en misschien teveel uit handen neemt van haar kinderen. Maar op z'n best creëert ze een plekje op aarde, waar het fijn is om te vertoeven. Er is schoonheid, natuur, voeding, aandacht. Zo'n plek kan een grote aantrekkingskracht uitoefenen op hongerige zielen. Er is een gevaar dat ze met haar onvoorwaardelijke bereidheid om te geven zichzelf tekort doet en uitgeput raakt. Ze moet dan terug naar haar innerlijke rust en haar verbinding met de natuur, waardoor ze weer gevoed wordt.

Het zou wel eens kunnen zijn dat we in onze cultuur het contact aan het verliezen zijn met de natuurlijke eigenschappen van de Koningin van Pentagrammen. Er is steeds minder vrije natuur, we manipuleren steeds ingrijpender onze leefomgeving, onze voeding en ons lichaam zelf. Het kan heel genezend werken om eens een tijdlang op één plaats te blijven en de seizoenen te zien komen en gaan. Te volgen hoe een boom groeit. Een tijdlang stil te zitten met de zintuigen open en het hoofd leeg. Misschien zouden we nog heel wat over de geheimen van de aarde kunnen leren van de heksen en de kruidenvrouwtjes, die altijd zo verguisd zijn. De kaart kan een oproep zijn om jouw mystieke verbinding met de aarde te herstellen. Wees er op voorbereid, dat je geduld moet hebben, want de aarde heeft voor alles haar eigen tijd. Leer om te gaan met leven én sterven, zomer én winter. Bevrijd je van vooroordelen, zodat je kunt zien wat er is. Omarm ook die aspecten van het leven waar je moeite mee hebt, want alles heeft z'n waarde.

Koning van Pentagrammen

In tegenstelling tot de Koningin van Pentagrammen zien we hier niet de vrije natuur, maar een door mensen gemaakte omgeving. De druiventrossen op het kleed van de Koning en de druivenranken om zijn troon tekenen hem als een boer: iemand die de aarde kent en weet hoe je haar moet bewerken, zodat ze vrucht draagt. In bredere zin zou je kunnen zeggen: dit is iemand die zijn vak verstaat, iemand die weet hoe je tot concrete resultaten kunt komen. De stierenkoppen op zijn troon verwijzen naar het sterrenbeeld Stier, dat staat voor vruchtbaarheid, aardse gehechtheid en bezit. Net als de Koningin is hij sterk verbonden met zijn stukje aarde en hij voelt zich daarbinnen verantwoordelijk voor elk detail. Het gaat hier ook om de kunst van het organiseren: de afstemming van de middelen en de elementen binnen een heldere structuur op een concreet en praktisch haalbaar doel. Op kleine schaal begint dit al met de organisatie van je persoonlijk leven. Hoe ordelijk ben je, hoe efficiënt ben je, kun je omgaan met je praktische verantwoordelijkheden, kun je je tijd goed indelen? Op grotere schaal kun je denken aan een werkgever, die ook andere mensen een taak geeft binnen een structuur. Hoe groter de schaal van je werkzaamheden, hoe méér je te maken hebt met de organisatie van de maatschappij in zijn geheel. Het landgoed op de achtergrond herinnert ook aan de maatschappelijke structuren die ter sprake kwamen bij Pentagrammen Tien. De Koning van Pentagrammen kan dan ook iemand zijn, die sterk aan tradities vasthoudt. Hij beseft dat hij zijn werk kan doen dankzij talloze anderen die ook hun werk doen volgens vaste afspraken, waardoor het geheel soepel en efficiënt werkt.

De Koning van Pentagrammen is de beheerder van een stukje aarde. Hij is zich ervan bewust dat hij voortbouwt op het werk van zijn voorgangers en dat het zijn taak is om zijn kennis en vaardigheden over te dragen op wie na hem komen. Hij beschouwt zijn bezit niet als een stuk eigendom waarmee hij kan doen en laten wat hij wil, maar vanuit zijn verantwoordelijkheid als beheerder. Op zijn best weet hij uit alles wat hij aanraakt, het optimale te halen. Hij ziet de waarde van dingen en mensen en geeft ze een plaats binnen een hechte structuur. Zo kan hij iemand zijn die rust brengt en orde schept, maar ook een tiran, die alles wil regelen zoals hij het ziet en geen oog heeft voor wat afwijkt van zijn norm. We herkennen hier ook de Keizer (kaart IV) weer, die het leven kan vernietigen met zijn drang om alles onder controle te willen hebben.

6. Tarot, spiegel van de ziel

6.1 De tarot als orakel.

De procedure is simpel genoeg: je stelt een vraag en je trekt blind één of méér kaarten, afhankelijk van de methode die je gebruikt. De kaart(en) die je trekt, geeft (geven) antwoord op je vraag.
Dat het in de praktijk vaak niet zo simpel is, weet iedereen die het wel eens geprobeerd heeft. Soms zijn de resultaten frappant, maar hoe dat komt en wat dat betekent, is een vraag die moeilijk te beantwoorden is. Soms krijg je antwoorden op vragen die je niet gesteld hebt. Een simpele vraag kan leiden tot nieuwe, meer fundamentele vragen. En hoe weet je wat de goede interpretatie is? Als je de boeken er op naslaat, lees je vaak tegenstrijdige dingen. En je eigen beelden, gedachten of associaties bij de kaarten: waar komen die vandaan, kun je ze vertrouwen? Als je op consult gaat bij een 'expert': bij wie moet je zijn, wanneer is iemand 'goed'?

Geen gemakkelijke situatie dus voor een beginner. Ga eerst eens bij jezelf na wat je van de tarot, of van degene die de kaarten voor jou interpreteert, verwacht. Wat je antwoord op deze vraag ook zal zijn: je vraagt naar iets wat je niet weet en je zoekt een bron, die het wél weet. Die bron, hoe je die ook begrijpt, heeft iets mysterieus. Wie of wat bepaalt welke kaarten je trekt? Is het een soort van lotsbestemming? Een oordelende instantie? Is het je hoger zelf of je onbewuste? Hebben we een innerlijke gids of een beschermengel, die het voor ons regelt? Of is het een toevallige momentopname, die verder weinig betekenis heeft?
Jouw verwachtingen zijn op zijn minst mede bepalend voor wat er gaat gebeuren. Ze bepalen de richting waarin je zoekt en ze filteren de informatie die je krijgt. Nog afgezien van de vraag of je verwachtingen mede bepalen welke kaarten je trekt, spelen ze in ieder geval een belangrijke rol bij de betekenis die je aan de antwoorden hecht, of je die nu vindt in de beelden van de kaart of in de uitspraken van een expert. Het wordt nóg gecompliceerder als de antwoorden niet tegemoetkomen aan je verwachtingen en dat is nu juist heel vaak het geval.
Hoe je het ook bekijkt, je bent zelf de eerste en de laatste schakel. Aan het begin is er jouw vraag of behoefte, waardoor je ertoe komt om de tarot te raadplegen. En aan het eind is er jouw conclusie, jouw interpretatie van het antwoord, of dat nu voortkomt vanuit je geloof in de uitspraken van iemand anders of vanuit je eigen besef van wat waar is. Niet voor niets was het motto van het orakel van Delphi 'ken uzelve'.
Neem dus, vóór je de kaarten trekt (of iemand vraagt om een consult), verantwoordelijkheid voor jezelf, wees je bewust van je vragen, je verwachtingen, je hoop en je vrees. Wees er op voorbereid, dat je misschien je vragen of je verwachtingen moet bijstellen. Vraag je eens af of je bereid bent om alle kaarten, dus bijvoorbeeld óók de Duivel, onder ogen te zien. Ben je bang voor de waarheid of verlang je er juist naar?

De vraag.
Stel, iemand vraagt mij: 'zal ik nog kinderen krijgen?'. Wat moet ik daarmee? Meteen aan de slag met de kaarten? Waar ga ik dan naar op zoek? Mogen we allebei verwachten dat de kaarten ondubbelzinnig 'ja' of 'nee' zullen zeggen, of zelfs hoeveel? Als dat zo is, zou het antwoord nu al vastliggen. Heeft ze dan geen keuze? Ik wil daar niet zonder meer van uit gaan. Misschien komt haar vraag voort uit twijfels in zichzelf, die ze niet kan oplossen. Dus vóór ik de kaarten pak om haar antwoord te geven, stel ik liever een wedervraag: 'wil je nog kinderen krijgen?'. Er ontstaat een gesprek, als ze daar tenminste voor open staat. Misschien komt er nóg een vraag naar boven: 'kan ik nog kinderen krijgen?'. Of misschien heeft ze haar twijfels over de relatie met de man met wie ze leeft. Dan zou de vraag moeten zijn: 'is het een goed idee om met deze man een kind te krijgen?'. Het kan zijn dat we uitkomen bij haar angst om zich te binden. Dan zou de vraag zijn: 'durf ik nog kinderen te krijgen?', wat trouwens een vraag is die ze ook zelf kan beantwoorden zonder mij of de tarot. Alles is mogelijk: de vraag was nog maar het begin. Het is het topje van de ijsberg.
Een vraag is een levend iets. Er zit energie in. Het is een actieve daad. Het soort vragen dat we meestal aan de tarot stellen, zijn geen informatievragen die eenvoudig te beantwoorden zijn. Daarvoor hebben we meestal meer betrouwbare bronnen. Voor het antwoord op de vraag 'kan ik nog kinderen krijgen?', kun je waarschijnlijk beter naar een gynaecoloog gaan dan naar een tarotconsulent. Meestal zijn het echte levensvragen, die we stellen. Problemen waar we mee worstelen, twijfels of angsten die van een onbegrijpelijk diepe laag lijken te komen. We stellen onze vragen vanuit diepgevoelde verlangens die nog niet vervuld zijn. Of het zijn ingrijpende gebeurtenissen in ons leven, waar we geen zinnig antwoord op hebben.
Dringende vragen leveren spanning op, zowel in onszelf als in onze relaties met anderen. De drang om het probleem op te lossen heeft vaak iets dwingend, want we willen van het probleem af zijn. We verwachten dat er een bevrijdend antwoord is dat een einde maakt aan de spanning. Ik wil je vragen om iets heel moeilijks te doen, namelijk om in je spanning te blijven! Zoek even niet naar de oplossing, maar leef je vraag! In je vraag zit jouw energie. Vereenzelvig je ermee. Als we iets als een dringend probleem ervaren, wil dat meestal zeggen, dat we vastgelopen zijn. De oplossingen, die we geprobeerd hebben, bleken niet te werken. De energie die we er in investeren, levert geen resultaten op. Onze gedachten gaan in kringetjes rond en komen steeds weer op hetzelfde uit. Ontsnappen is niet mogelijk, want steeds opnieuw dringt het probleem zich aan ons op. Nu wil ik je vragen om nóg iets heel moeilijks te doen: de mogelijkheid onder ogen zien, dat je zelf het probleem schept. Wat er ook gebeurt in je leven, wat anderen ook doen waardoor je in moeilijkheden bent: jij bent het die het als probleem ervaart, het is jouw situatie en alleen jij kunt bepalen hoe je er mee om wilt gaan. De vraag die ik stel is niet de vraag wie de 'schuldige' is. Het is een objectieve en heel praktische vraag naar jouw aandeel in je situatie, want alleen van daar uit kun je iets doen: vanuit bewustzijn en vrijheid.

Laatst was ik moe en ik vroeg de tarot 'waarom ben ik zo moe?'. Ik trok Staven Tien en keek naar de tien staven, die ik mee zeul. Alle dingen in mijn leven, die ik belangrijk vind, waar ik energie in steek, waarin ik iets wil bereiken. Ik bekeek ze stuk voor stuk en wilde van geen ervan afstand doen. Ik voelde de last van de tien staven. Mijn lichaam wilde niet meer meewerken. Ik begreep nu waarom ik moe was en gaf er aan toe. Mijn vrouw Gerry zag dat ik aan mijn eindje was en bood haar hulp aan. Samen bespraken we mijn agenda en stelden nieuwe prioriteiten. De energie keerde terug, zelfs Gerry werd energieker!

De essentie van wat er gebeurde was niet zozeer dat ik antwoord kreeg op mijn vraag, maar het proces dat op gang kwam via de tarotkaart. De kaart hielp me om in contact te komen met alles wat ik wilde en van mezelf eiste. Daardoor veranderde er iets in mijn energie. Gerry pikte dat op en in ons gesprek werd het concreet en handelbaar. Er kwamen oplossingen uit, die we eerst niet zagen. Ik moest het probleem onder ogen zien, doorleven, doorvoelen en delen om er greep op te krijgen. Ik moest kunnen aanvaarden dat mijn eerdere 'oplossingen' het probleem eerder hadden veroorzaakt dan opgelost.

Algemeen gesteld, kun je beter niet vragen naar dingen, waar je zelf niets in kunt doen. Het bevestigt waarschijnlijk alleen maar je onmacht en je afhankelijkheid van factoren buiten je. Als je naar concrete gebeurtenissen in de toekomst vraagt, is het ten eerste maar zeer de vraag of je een ondubbelzinnig antwoord zult krijgen en àls je dan al antwoord krijgt, is het maar de vraag of je veel zult hebben aan die kennis. Hetzelfde geldt voor vragen over anderen. Het is me opgevallen dat dergelijke vragen vaak voortkomen uit de behoefte om de ander te controleren. Gun je de ander zijn of haar keuzevrijheid niet? Probeer je de ander niet te dwingen tot jouw tempo en jouw scenario's? Als je nu eens begon met wat je zelf kunt doen?

Op zijn best brengt de tarot je via de beelden in contact met jezelf. Ze nodigen je uit om je motivatie, je houding, je gevoelens en gedachten te onderzoeken. Daardoor kan er nieuwe energie vrijkomen. Nieuwe inzichten kunnen een bevrijdend perspectief op je problemen geven. De moeilijkheid wordt een uitdaging, de hindernis een test, waarin je beste vermogens zich kunnen bewijzen. Als je er een actief proces van maakt waarin je jezelf centraal stelt, hoef je ook niet bang te zijn dat de kaarten je overmatig zullen beïnvloeden. De tarot is een goed middel om het proces te verdiepen en te richten, maar je staat zelf aan het roer. Wat je gebruiken kunt, gebruik je. De rest is niet relevant.

Natuurlijk heb je je blinde vlekken. Als je vraag een echte vraag is, hou je daar al rekening mee. Ook bij de interpretatie van de kaarten zullen je blinde vlekken je in de weg zitten. Daarom kan het heel goed zijn om samen met anderen de kaarten, die je getrokken hebt, te bespreken. Zij zien je blinde vlekken vaak scherper dan jij zelf en kunnen dus nuttige feedback geven. Als je dat kunt doen in een sfeer van openheid en acceptatie, versnel je je proces. Ook jullie relatie zal er rijker door worden.

Soorten vragen.

1. Prognosevragen.
Als je benieuwd bent hoe je situatie zich ontwikkelt, vraag dan niet naar een mogelijk eindresultaat in de toekomst, maar naar wat relevant is in het hier en nu. Het heden bevat de kiemen van de toekomst. Als je een legmethode gebruikt, waarin er een kaart voor de toekomst ligt, is het precies dát wat je te zien krijgt: datgene wat nu in de kiem aanwezig is. Als ik straks wil oogsten, kan ik het beste bezig zijn met de fase die nu relevant is. Is het tijd om te zaaien, water te geven, te snoeien, onkruid te wieden, te bemesten? Wat kan ik nu het beste doen om straks een goede oogst te krijgen? Zo kun je tevens inzicht krijgen in de ontwikkelingsprocessen van het (je) leven en leren om ermee in harmonie te zijn.

2. Handelings- en houdingsvragen.
Dit zijn vragen waarbij je je direct actief opstelt. Het gaat niet om het 'wat', maar om het 'hoe'. Het voordeel van deze vragen is, dat je het dicht bij jezelf brengt en ook dicht bij je concrete situatie. De kaarten die je krijgt, nodigen je uit om je op een actieve manier met de beelden te verbinden. Doordat je snel handelt naar wat je uit de kaarten haalt, leer je door ervaring. Je geeft de tarot een plaats middenin je leven, maar je staat zelf aan het roer.

3. Inzichtsvragen.
Nu vraag je naar verdieping of verruiming van je bewustzijn. Dat kan als je enigermate afstand kunt nemen van je directe ervaring. De beelden nodigen je uit om verder te kijken. Misschien kom je uit bij een patroon dat als een rode draad door je leven loopt. Herinneringen komen terug in een nieuw perspectief. Het kan helpen om nieuwe aspecten van jezelf te ontdekken. Je kunt dit soort leggingen goed combineren met je horoscoop of met numerologie of iets dergelijks. Het kan bij dit soort vragen echter blijven bij ijdel gespeculeer en vaag gepraat. Leg óók de verbinding tussen je ontdekkingen en je situatie hier en nu.

4. Ja/nee vragen.
Het zou te simpel zijn als de tarot je vragen met een eenvoudig 'ja' of 'nee' zou beantwoorden. Dan kun je beter een munt opgooien, als je tenminste voluit bereid bent om te handelen naar hoe de munt valt. Wat je met de tarot in werkelijkheid krijgt, is een complex beeld, dat op meerdere niveaus te interpreteren is. Vraag de tarot niet naar het uiteindelijke 'ja' of 'nee', maar naar datgene wat belangrijk is om tot een goede keuze te komen (zie de legging met drie kaarten in H.6.2.). Zo neem je de volle verantwoordelijkheid voor je beslissing. Dan zul je ook niet zo gauw in de war raken over de mogelijke juiste of onjuiste interpretatie van een kaart.

Het ritueel.

Vooral in de oudere tarotboeken vinden we allerlei rituele aanwijzingen voor het gebruik van de kaarten als orakel. Hoe je ze opbergt. Hoe je schudt, coupeert en trekt. We vinden aanwijzingen omtrent de setting, zoals het gebruik van wierook of kaarsen. Hoe je moet omgaan met kaarten, die eruit vallen of omgekeerd op tafel verschijnen. De regels worden soms erg dogmatisch gesteld, alsof het niet zou werken als je je er niet aan houdt. Beginners zijn dan ook vaak bang om het fout te doen.

Dergelijke regels komen voort uit het idee dat het alleen maar 'werkt' onder bijzondere omstandigheden. In de loop van de tijd ben ik deze dingen steeds breder gaan zien. Het 'zinvolle' toeval beperkt zich niet alleen tot het speciale ritueel van de tarot-raadpleging, maar doortrekt het hele leven. Mijn situatie nu is een spiegel van wie ik nu ben. Ik trek aan wat aan mij verwant is. Ik trek ook mijn tegenpolen aan en dat wat ik wil vermijden, achtervolgt mij. Wat ik wil zien komt me voortdurend tegemoet en wat ik niet wil zien, dringt zich vanuit mijn ooghoeken en blinde vlekken aan mij op. Alles hangt met alles samen. Op het oog totaal verschillende niveaus van leven en bewustzijn resoneren met elkaar op vaak onbegrijpelijke wijze.

Je hoeft geen gelovige te zijn om te ontdekken òf het werkt. Je hoeft je niet aan bepaalde regels te houden om te zorgen dát het werkt. Het is ook niet nodig, dat je alles kunt verklaren. Als je met oprechte aandacht naar jezelf en je leven kijkt, zul je vanzelf zien dat het zinvolle toeval voortdurend in je leven aanwezig is. Het is veel belangrijker om daar een open oog voor te hebben en te registreren wat er gebeurt, dan het te kunnen verklaren. Als er onverwacht en ongewild iets ingrijpends gebeurt in ons leven, vragen we ons misschien af waarom het òns gebeurt en wat het betekent. Maar dat zijn vragen, die niet makkelijk éénduidig te beantwoorden zijn. De antwoorden op die vragen liggen ook niet simpelweg ergens buiten ons klaar, maar ontstaan via onze eigen actieve deelname aan het gebeuren.

Voor alles een verklaring willen, leidt tot bijgeloof. Je gaat zoeken naar alles verklarende oorzaken, zoals de stand van de planeten of het karma vanuit vorige levens. Als dat leidt tot zinvolle gezichtspunten, die je leven verrijken en richting geven aan je doen en laten, is daar niets op tegen, maar dat doen ze vaak niet. Al die verklaringen hebben hun beperkingen. Geen enkel model van de werkelijkheid is méér dan de werkelijkheid zelf. Het leven is complexer en mysterieuzer dan we met de gekste fantasie en met de beste modellen kunnen bedenken.

Als je aan allerlei toevallige details in je leven betekenis gaat hechten en gaat zoeken naar verklaringen, kun je aardig in de war raken. Het kan je afleiden van wat werkelijk belangrijk is. Belangrijke vragen hebben een lading. Ze houden je uit je slaap. Er gebeuren steeds dingen, die je op dezelfde gevoelige plek raken. Je probeert lastige problemen op te lossen, maar ze blijven hardnekkig terugkomen. Dat zijn de echte vragen. Ook al lijkt de oorzaak buiten je te liggen (bijvoorbeeld partners die je steeds maar in de steek laten), het gebeurt jou en het raakt jou. Een goede vraag is het halve antwoord. Een echte vraag is een activiteit, een levende energie. Met die energie raadpleeg je het orakel. Daarom is het moment dat je de kaarten trekt, van groot

belang. Sommige vragen moeten rijpen, voordat ze gesteld kunnen worden. Dan komt het op je gevoel voor timing aan. Alleen in de praktijk kun je dit leren en wat je daarin ontwikkelt, is uniek voor jou. Wees niet bang om daarmee te experimenteren. Je zult nog verbaasd staan over de vele mogelijkheden die er zijn om met de tarot te werken.
Vóór je een vraag stelt: ga bij je zelf na wat je al gedaan hebt in verband met de vraag. Misschien weet je eigenlijk het antwoord al, maar is je raadpleging van de tarot alleen maar een zoeken naar bevestiging. Zou je dan de kaarten eigenlijk wel trekken?
Verdiep je vraag naar de kern: ga op zoek naar de laag met de grootste lading en de krachtigste energie. Je kunt dat doen door vooraf te mediteren, of te schrijven in je dagboek of door een gesprek te hebben met iemand. Streef naar eenvoud en directheid: zo roep je ook de duidelijkste antwoorden op.

Het nut van een ritueel is, dat je door het uitvoeren ervan duidelijk maakt dat het je ernst is. Je zorg voor de omgeving is belangrijk, want je schept een ruimte, waarin er geconcentreerde aandacht is. De intentie is daarbij veel belangrijker dan de handeling. Je kunt de tarot raadplegen in een volle trein, als je er maar met je volle aandacht bij bent.
Een echte vraag stellen betekent dat je je beperkingen toegeeft. Je wendt je tot een bron, waarvan je zinvolle perspectieven verwacht. Richt je tot de hoogste bron, die je je voor kunt stellen, of je je die nu binnen jezelf of buiten jezelf voorstelt. Vraag om licht, liefde, helderheid, waarheid. Verwacht een antwoord, dat relevant is voor het hier en nu en waar je mee vooruit kunt. Neem geen genoegen met minder.
Spreek van tevoren met jezelf en je bron af welke legmethode je gebruikt en in welke volgorde je de kaarten trekt en neerlegt. Laat daar volstrekte duidelijkheid over zijn. Hoe je de kaarten vervolgens ook trekt: je kunt het niet fout doen!!! Wees totaal bereid om aan het werk te gaan met de kaarten die je trekt. Je krijgt wat je krijgt en niet iets anders. Het heeft geen enkele zin om te speculeren wat er gebeurd zou zijn als je het anders had gedaan of wat er zou gebeuren als je dezelfde vraag nóg eens zou stellen. Als je met de kaarten werkt heb je niets aan die speculaties: je doet wat je doet en je trekt de kaarten van dit moment met de intenties die je nu hebt. Herhalingen zijn onmogelijk, want het volgende moment is alweer anders.

Interpretatie.

Vooral beginners zoeken naar houvast en willen graag weten wat een kaart 'betekent'. Omdat een beeld voor meerdere uitleg vatbaar is, is de verleiding groot om een boek te raadplegen, waarin de betreffende kaarten beschreven staan. Sommige gebruikers komen nooit verder dan dit stadium en dat is jammer, want de kracht van de tarot ligt allereerst in de beelden zelf.
Met ons verstand willen we verklaringen, concrete adviezen of voorspellingen. Of we willen een ondubbelzinnig ja of nee. Maar daarmee dwingen we het orakel in een richting, die we teveel zelf in de hand willen houden. Het komt er nu juist op aan om open staan voor informatie, die we per definitie niet zelf kunnen bedenken. Beelden doen een beroep op onze rechter hersenhelft,

die werkt met associaties en verbeeldingskracht. Dat is geen logisch stap-voor-stap proces, dat je kunt controleren. Vaak moeten de beelden eerst de tijd hebben om door te dringen. Dan is het belangrijk, dat je het proces niet afsluit met voorbarige conclusies. Laat de beelden op je af komen, neem er de rust en de tijd voor om ze te laten inwerken. Soms zie je pas na enige tijd wat het belang is van de kaarten die je getrokken hebt.

Luister naar jezelf, registreer welke beelden je raken. Waar zit de energie, de lading? Verklaar die energie niet weg, maar werk ermee. Ga een dialoog aan met de beelden. Verplaats jezelf in de kaart en kijk hoe dat voelt. En als je een boek raadpleegt of een expert, kun je nog altijd hetzelfde doen. Kijk wat er in jou mee resoneert met de interpretaties, die anderen aan een kaart geven. Bedenk dat er geen verkeerde interpretaties zijn: hoogstens zijn ze beperkt of eenzijdig. Elke interpretatie draagt nu eenmaal het stempel van degene die interpreteert.

Jouw eerste indruk is je eerste interpretatie en dat is je startpunt. Van daar uit komen nieuwe vragen op. In de dialoog met de kaarten en met je eventuele gesprekspartner zullen je vragen zich verdiepen en verbreden. Je interpretaties zullen betekenisvoller en waarschijnlijk genuanceerder worden, naarmate je langer en intensiever met een kaart bezig bent.

In feite maak je contact met iets wat eerst nog onbewust is. Het ego heeft de neiging om zich daar tegen te verzetten, omdat het de controle wil houden. Er zijn manieren om het ego te omzeilen. De eerste stap daartoe is om je beperkingen bij voorbaat toe te geven en je open te stellen. Dat is al het halve werk. Luister naar je lichaam, je emoties. Volg de stroom van associaties en let op waar de meeste energie zit. Het kan helpen om op een actieve, creatieve manier met de beelden bezig te zijn. Je kunt er een gefantaseerd verhaaltje bij schrijven of een tekening maken. Je kunt een kaart actief maken door in de geest van de kaart te handelen.

De kaarten laten je iets zien van wat er onbewust bij je leeft. De boodschappen van het onbewuste aan het bewuste ego kunnen grofweg verdeeld worden in vier categorieën:

1. Herkenning.
Het is of je in de spiegel kijkt. De beelden op de kaarten roepen heldere associaties op met concrete gebeurtenissen, gevoelens, houdingen of overtuigingen. Het is niet moeilijk om jezelf te identificeren met de kaart. Veel nieuws hebben deze kaarten je misschien niet te vertellen, maar ze kunnen helpen om jezelf 'in kaart' te brengen. Delen van jezelf kunnen zo een 'naam' krijgen. Het kan helpen om bepaalde situaties of levensfasen samen te vatten in een enkel beeld.

2. Compensatie.
De kaarten laten je blinde vlekken zien. Ze confronteren je met je éénzijdigheid, met de verwaarloosde delen van jezelf, die aandacht nodig hebben. Er is weerstand, omdat de beelden niet overeenkomen met je vertrouwde zelfbeeld. Onderzoek je weerstand, maar maak ook openingen naar het nieuwe dat zich aandient. Kijk hoe je je leven kunt verrijken, hoe je kunt groeien door het onbekende te integreren in het bekende. Welke controle over jezelf of je situatie moet je daarvoor opgeven?

3. Transformatie.
Essentiële delen van je persoonlijkheid zijn toe aan een complete wedergeboorte. De kaarten leiden je naar een totaal nieuwe visie op jezelf en je situatie. De vertrouwde beelden en interpretaties, die je had bij bepaalde kaarten, vallen in duigen en maken plaats voor nieuwe visies, die breder en inhoudsvoller zijn. Dit kan een moeizaam proces zijn dat tijd kost, maar ook in een flits van inzicht komen.
4. Potentie.
De kaarten laten je zien wie of wat je zou kunnen zijn. Het is uitdagend en misschien beangstigend om je te identificeren met de beelden. Je kunt het gevoel hebben dat je er nog niet aan toe bent. Je moet wennen aan de gedachte dat je méér bent dan je dacht te zijn.
Wat in potentie is, heeft nog vele mogelijkheden naar de toekomst toe. Je wordt uitgenodigd om die mogelijke 'toekomsten' te verkennen.

Als je met de kaarten bezig bent, zoals hierboven beschreven, is de interpretatie van een tarotlegging niet een vaststaand eindresultaat dat aan alle kanten 'klopt', maar een levend, actief proces. Vaste interpretaties, conclusies en welgemeende adviezen lijken het proces succesvol af te sluiten, maar maken helaas vaak juist een einde aan de waarde van het proces zelf. Dan fungeren ze als afleiders van spanning en conflict en leveren niet meer dan schijnoplossingen en -verklaringen op.

6.2 Legmethoden.
Hoe langer ik met de tarot werk, hoe méér ik de voorkeur geef aan eenvoudige legmethoden. Er zijn complexe legmethoden met veel kaarten, die veel lijken te beloven, maar het belangrijkste wat ze bieden is veelheid en niet noodzakelijk diepgang. Ik zoek het liever in de kwaliteit dan in de kwantiteit.
Legmethoden schrijven voor wat de betekenis is van de posities, waarop de kaarten vallen, maar in de praktijk moet je daar flexibel mee omgaan, want in wezen vertellen de kaarten het verhaal. Elke legging is uniek, hoe vaak je een bepaalde methode ook gebruikt hebt.
Als je met meerdere kaarten werkt, moet je óók kijken naar de verhouding tussen de kaarten onderling. Dat kan een probleem opleveren, als je nog niet met alle kaarten vertrouwd bent. Beginners raad ik altijd aan om te beginnen met één kaart tegelijk. Je zou aan het eind van een gebeurtenis, of van een dag of een week, een kaart kunnen trekken met de vraag naar de betekenis van wat er gebeurd is. Het voordeel daarvan is, dat je weet waar het over gaat. Dan leg je ook makkelijker de verbanden tussen de kaarten en je eigen beleving.

Bij elke legmethode zijn er regels voor het aantal kaarten dat je trekt en in welke volgorde je ze op welke plaats neerlegt. Achter elke legmethode gaat een model van de werkelijkheid schuil. In wezen is het een manier van kijken. Elke plaats in een legmethode richt je aandacht naar een

bepaald levensgebied. Op het moment dat er op die plaats een kaart ligt, komt er inhoud.
Laat de kaarten hun eigen verhaal vertellen. Lees het patroon als een suggestief gebaar. Als er bijvoorbeeld twee koningen naast elkaar verschijnen, vraag je dan af wat ze daar met elkaar doen. Als er drie achten liggen, verdiep je dan in het getal acht. Let op unieke toevalligheden zoals figuren die elkaar tegemoetkomen of juist niet. Elke legging, elke combinatie van kaarten is uniek. Ze zullen nooit meer in die combinatie en in die situatie terugkomen. Juist in de unieke combinatie van het moment ligt een belangrijke sleutel.
Let ook op je eigen reacties op de kaarten. Soms kan één kaart heel veel oproepen en andere kaarten in de schaduw stellen. Volg je eigen energie en de stroom van je spontane bewustzijn. Laat je leiden, maar neem af en toe ook afstand om overzicht te krijgen en verbanden te zien.

Omgekeerde kaarten.

Het is een oude traditie om kaarten, die omgekeerd op de tafel verschijnen, ook een omgekeerde betekenis te geven. In veel tarotboeken wordt dan ook onderscheid gemaakt tussen twee soorten betekenissen. Ik heb nooit veel waarde aan deze regel gehecht. Het probleem is, dat je de betekenis van een kaart op verschillende manieren kunt omdraaien. Wordt de Toren ineens een knus vakantieverblijf als je hem omdraait? Mij lijkt van niet. Als je de Keizer omdraait, krijg je dan een slap figuur, die zijn verantwoordelijkheid niet neemt of juist een tiran?
Elke kaart bevat vele niveaus van betekenissen en het is niet gemakkelijk en zelfs niet zinvol om die simpelweg te onderscheiden met plussen en minnen. Laten we nog eens kijken naar de mogelijke boodschappen van het onbewuste, zoals hierboven beschreven.
Stel, je trekt de Ridder van Pentagrammen. Als 'herkenning' kan deze kaart je aanmoedigen om je dienstbaarheid volop in te zetten en verder te ontwikkelen. Als 'compensatie' kan de kaart je er op wijzen dat je daarin tekort schiet of juist overdrijft. Als het tijd is voor 'transformatie', staat je hele idee van wat dienstbaarheid is op de helling. Als 'potentie' kan de kaart wijzen op nieuwe mogelijkheden om dienstbaar te zijn. Deze niveaus van betekenissen kunnen in principe allemaal tegelijk relevant zijn.
Dus, of een kaart nu rechtop of omgekeerd komt te liggen, kijk genuanceerd. Benader de kaart van verschillende kanten. Kijk naar de andere kaarten en de plaats waar de kaart ligt om te zien welke aspecten van de kaart het scherpst worden belicht.
Niettemin, alles wat er gebeurt tijdens het trekken en het neerleggen van de kaarten kan relevant zijn. Er kunnen spontaan kaarten uit de stok vallen als je aan het schudden bent. En natuurlijk kunnen kaarten omgekeerd verschijnen als je ze neerlegt. Welke betekenis je daar ook aan hecht, ga er genuanceerd mee om. Blijf gevoelig voor het unieke moment en laat je niet teveel bepalen door regeltjes.

Je eigen legmethoden ontwerpen.

Stel, je zoekt werk. Op een gegeven moment heb je de keuze uit drie mogelijkheden. Voor elke optie kun je dan een kaart trekken, eventueel aangevuld met een vierde, die staat voor de moge-

lijkheid dat je ze alle drie afwijst. Je kunt ook een extra kaart trekken met de vraag wat de beste richtlijn voor je keuze is (zie ook de ja/nee methode bij 'drie kaarten').
Of je hebt een droom gehad, waarin duidelijk vier afzonderlijke scènes in te onderscheiden zijn. Voor elke scène trek je dan een kaart.
Legmethoden vertegenwoordigen modellen: visies op de relevante aspecten van de werkelijkheid. Je kunt de modellen, waar je zelf vertrouwd mee bent, omzetten in legmethoden. Een astroloog kan werken met de planeten of de twaalf huizen. Een psycholoog kan werken met de theoretische fasen van besluitvorming. Een numeroloog kan werken met de negen grondgetallen. Als je vertrouwd bent met de kabbala, kun je werken met de levensboom. Zo kun je gebruik maken van de kennis die je al hebt.

Eén kaart.

Onderschat nooit wat je met één kaart kunt doen! Er zijn vele manieren om aan de hand van één kaart allerlei lagen van betekenis te onderzoeken. In 'De Levende Tarot' kun je daar meer en uitgebreider beschreven ingangen voor vinden. Vooral beginners raad ik aan om goed stil te staan bij elke afzonderlijke kaart, want zo leer je ze kennen en zo kunnen ze zich in je bewustzijn verankeren.
In principe kun je elke vraag stellen, die je maar wilt. Wat ik wel eens doe is een gesprek voeren met de kaarten. Ik begin met een vraag en trek een kaart. Daardoor kom ik op een spoor, dat leidt tot een nieuwe vraag, waarbij ik weer een nieuwe kaart trek. Daar ga ik mee door zolang het me zinvol lijkt. Het leuke hiervan is, dat er op elk moment nieuwe wendingen mogelijk zijn.

Twee kaarten.

Je kunt de twee kaarten achter elkaar leggen als opeenvolgende fasen in de tijd. Bijvoorbeeld de eerste voor je situatie nu en de tweede voor je eerstvolgende stap.
Als je de twee kaarten gelijkwaardig naast elkaar legt, ga je automatisch vergelijken. Dat is tevens een goede oefening om te leren zien hoe kaarten elkaar kunnen 'kleuren'.
Als je met z'n tweeën bent en je wilt met behulp van de kaarten jullie relatie belichten, kun je ieder een kaart trekken, bijvoorbeeld met de vraag 'hoe sta ik in deze relatie?' of 'wat heb ik jou te bieden?'. Het kan een nuttige manier zijn om onderlinge problemen op te lossen. Als je wilt kun je het gesprek voortzetten door opnieuw ieder een kaart te trekken.

Drie kaarten.

Heel eenvoudig kun je de drie kaarten naast elkaar leggen en ze zien als verleden, heden en toekomst.
Voor concrete ja/nee vragen kun je één kaart trekken, die spreekt voor het 'ja', één die spreekt voor het 'nee' en een laatste kaart die je vertelt wat de doorslaggevende factor is bij je keuze.
Meer algemeen kun je deze methode gebruiken om te vragen naar de beste houding in een bepaalde situatie. De eerste kaart belicht wat vóór je werkt. De tweede kaart belicht de valkui-

len die er zijn. De derde kaart geeft de essentie van de situatie aan.

Leg de kaarten in een driehoek, zodat de eerste twee naast elkaar komen te liggen als gelijkwaardige tegenpolen en de derde erboven om een hoger niveau van synthese aan te geven.

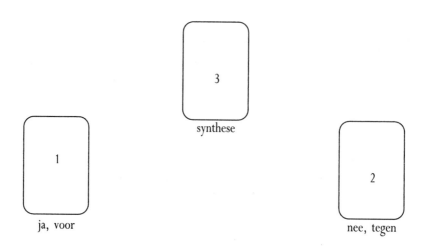

Vier kaarten.

Een voor de hand liggende methode hier zou zijn om voor elk van de vier elementen een kaart te trekken met de vraag op welke manier de elementen zich nu via jou manifesteren. Ik zou dan toch meteen behoefte hebben aan een vijfde kaart, die de vier elementen bundelt en richting geeft. Je kunt ook uitgaan van de vier hoekpunten van de geboortehoroscoop of de vier windrichtingen in de symboliek van het indiaanse medicijnwiel.

Vijf kaarten.
Het 'kruis'.

Dit is een methode die ik zelf ontworpen heb en heel veel gebruik. Het geeft een soort van helikopterview op jezelf en je situatie in tijd en ruimte. De drie kaarten op de horizontale lijn vertegenwoordigen de tijdslijn: verleden, heden, toekomst. De drie kaarten op de verticale lijn staan voor de 'ruimte' waarin je je nu bevindt. De onderste kaart is de aarde: wat er is, wat je hebt, wat je kent. De bovenste kaart staat voor de hemel: je 'bovenbewuste', je hogere potenties, het bevrijdende gezichtspunt, je hoogste streven.

De middelste kaart geeft het centrale thema aan. De kaart links voor het verleden en de kaart onder voor de aarde geven samen aan hoe je je hebt ontwikkeld tot op dit moment. De kaart boven voor de hemel en de kaart rechts voor de toekomst geven samen aan in welke richting de ontwikkeling verder kan gaan.

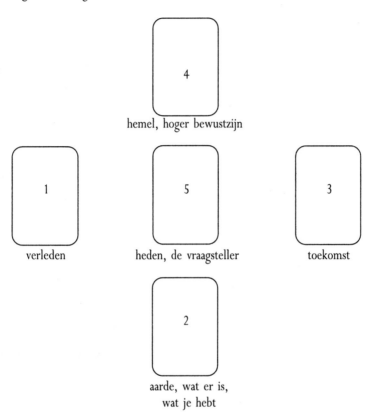

De Keltische methode

Dit is wel de meest bekende en meest gebruikte legmethode, hoewel er verschillen zijn in de typeringen van de verschillende plaatsen, waar de kaarten komen te liggen. Ik heb mijn eigen variant ontwikkeld en die ziet er als volgt uit:

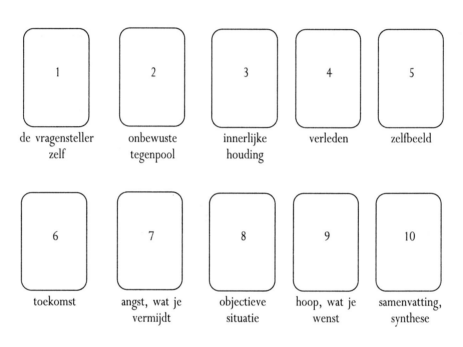

De eerste kaart gaat over de vraagsteller zelf in verband met de vraag. Meestal is deze kaart makkelijk te herkennen en dus een goede kaart om mee te beginnen.
De tweede kaart geeft aan wat nog onbewust is. Dat kan zich manifesteren als een element van de situatie waarin je bevindt. Iets waar je moeite mee hebt misschien of iets wat er wel is, maar waar je (nog) geen oog voor hebt. Bekijk de eerste twee kaarten altijd in hun onderlinge verhouding.
De derde kaart geeft je innerlijke houding weer. Je kunt hierbij ook denken aan datgene wat je drijft of motiveert in verband met de vraag.
De vierde kaart voor het verleden moet gezien worden in verband met de rest van de kaarten en de vraag. Het kan iets zijn, dat z'n tijd wel gehad heeft en naar de achtergrond verdwijnt, maar het kan evengoed nog steeds actueel zijn.
De vijfde kaart zegt iets over je (subjectieve) zelfbeeld, je eigen visie op de vraag. Deze kaart is vooral van belang, wanneer hij afwijkt van het patroon dat de andere kaarten vormen.

De zesde kaart voor de toekomst kun je zien als de tendens die er is als er niets verandert. Bekijk de kaart breed, want de kaart staat voor allerlei mogelijkheden die zich kunnen ontwikkelen, afhankelijk van jouw opstelling.

De zevende kaart staat voor je angst, datgene wat je wilt vermijden. Bij deze kaart moet je extra opletten, want hier steken blinde vlekken, weerstand en allerlei vormen van vermijdingsgedrag makkelijk de kop op. Bewustwording van datgene waar de kaart voor staat, kan inzicht opleveren of het vrijkomen van nieuwe energie. Kijk ook naar de kaart op de tweede plaats, want die is vaak verwant aan de zevende.

De achtste kaart geeft een beeld van de objectieve situatie: datgene wat je ziet als je je kan bevrijden van angst (7) en hoop (9). Het is een soort helikopterview op de situatie.

De negende kaart staat voor je hoop, datgene wat je wenst. De kaart is de tegenpool van de zevende en samen staan ze voor jouw subjectieve gevoelens in verband met de vraag.

De tiende kaart is de samenvatting en de synthese van de hele legging. Hier vind je de essentie waar het om gaat. Als je zoekt naar antwoorden, is dit de kaart die de meest directe aanwijzing geeft in de richting van een zinvolle uitkomst.

De Keltische methode is uitstekend geschikt voor allerlei soorten vragen. Je krijgt een helder beeld van de verschillende factoren die een rol spelen in je situatie. Houd er rekening mee, dat je onderweg je vraag en je visie op het probleem zult moeten bijstellen. Stel je vraag daarom niet al te specifiek, anders kun je beter een eenvoudiger methode gebruiken.